AF542162

LA PUCELLE.

LA
PUCELLE
D'ORLÉANS,

POËME,

DIVISÉ EN VINGT CHANTS,

AVEC DES NOTES,

Nouvelle Edition, corrigée, augmentée & collationée sur le Manuscript de l'Auteur.

MDCCLXII.

PRÉFACE
DE
DON APULEIUS RISORIUS,
BÉNÉDICTIN.

REmercions la bonne ame par laquelle une Pucelle nous eſt venuë. Ce Poëme héroïque & moral fut compoſé vers l'an 1730, comme les doctes le ſçavent, & comme il appert par pluſieurs traits de cet ouvrage. Nous voyons dans une lettre de 1740, imprimée dans le Recueil des Opuſcules d'un grand Prince, ſous le nom du *Philoſophe de ſans Souci*, qu'une Prin-

* ceſſe

ceſſe d'Allemagne, à laquelle on avait prêté le manuſcrit, ſeulement pour le lire, fut ſi édifiée de la circonſpection qui règne dans un ſujet ſi ſcabreux, qu'elle paſſa un jour & une nuit à le faire copier, & à tranſcrire elle-même tous les endroits les plus moraux. C'eſt cette même copie qui nous eſt enfin parvenuë. On a ſouvent imprimé des lambeaux de nôtre Pucelle, & les vrais amateurs de la ſainte Littérature ont été bien ſcandaliſés de la voir ſi horriblement défigurée. Des Editeurs l'ont donnée en quinze chants, d'autres en ſeize, d'autres en dix-huit, d'autres en vingt-quatre, tantôt en coupant un chant en deux, tantôt en rempliſſant des

des lacunes par des vers que le cocher de Vertamont sortant du cabaret pour aller en bonne fortune aurait désavoués.*

Voici donc *Jeanne* dans toute sa pureté. Nous craignons de faire un jugement

* Dans les dernières éditions que des barbares ont faites de ce Poëme, le lecteur est indigné de voir une multitude de vers tels que ceux-ci.

Chandos suant & soufflant comme un bœuf,
Au Diable soit, dit-il la sotte éguille.
Bientôt le Diable emporte l'étui neuf.

On y dit de *St. Louis*:

Qu'il eût mieux fait, certes le pauvre Sire,
De se gaudir avec sa Margoton,
Onc ne tata de bisque d'ortolans, *&c.*

On y trouve *Calvin* du temps de *Charles VII.*; tout est défiguré, tout est gâté par des absurdités sans nombre.

ment téméraire en nommant l'Auteur à qui ont attribue ce Poëme épique. Il suffit que les lecteurs puissent tirer quelque instruction de la morale cachée sous les allégories du Poëme. Qu'importe de connaître l'auteur? il y a beaucoup d'ouvrages que les doctes & les sages lisent avec délices, sans sçavoir qui les a faits, comme le *Pervigilium veneris*, la satyre sous le nom de *Pétrone*, & tant d'autres.

Ce qui nous console beaucoup, c'est qu'on trouvera dans nôtre Pucelle bien moins de choses hardies & libres, que dans tous les grands hommes d'Italie qui ont écrit dans ce goût.

Verum enim vero, à commencer par

le *Pulci*, nous ſerions bien fâchés que nôtre diſcret auteur eût approché des petites libertés que prend ce Docteur Florentin dans ſon *Morgante.* Ce *Luigi Pulci*, qui était un grave Chanoine, compoſa ſon Poëme au milieu du quinziéme ſiécle, pour la *Signora Lucrezia Tuornaboni*, mére de *Laurent de Médicis* le Magnifique; & il eſt rapporté qu'on chantait le *Morgante* à la table de cette Dame. C'eſt le ſecond Poëme épique qu'ait eu l'Italie. Il y a eu de grandes diſputes parmi les ſçavans, pour ſçavoir ſi c'eſt un ouvrage ſérieux ou plaiſant.

Ceux qui l'ont crû ſérieux ſe fondent ſur l'Exorde de chaque chant, qui

qui commence par des verſets de l'Ecriture. Voici par exemple l'Exorde du Premier chant.

In principio era il verbo appreſſo a Dio ;
Ed era iddio il verbo, e el' verbo lui.
Queſto era il principio al parer mio &c.

Si le premier chant commence par l'Evangile, le dernier finit par le *Salve Regina* ; & cela peut juſtifier l'opinion de ceux qui ont cru que l'auteur avait écrit très-ſérieuſement, puiſque dans ces temps-là les piéces de Théâtre qu'on jouait en Italie étaient tirées de la paſſion, & des actes des ſaints.

Ceux qui ont regardé le *Morgante* comme un ouvrage badin, n'ont conſidéré

ſidéré que quelques hardieſſes trop fortes, auxquelles il s'abandonne.

Morgante demande à *Margutte* s'il eſt Chrétien ou Mahométan.

E ſe gli crede in Chriſto o in Maometto
Riſpoſe allor Margutte, por dir tel' toſto
Io non credo piu al Nero che al Azurro
Ma nel cappone o leſſo o voglia arroſto
. . . .
Ma ſopra tutto nel buon vino ho fede
. . . .
Or queſte ſon' tre virtu cardinale!
La gola, il dado, el' culo come lo todette;

Vous remarquerez, s'il vous plait, que le *Creſcenbeni* qui ne fait nulle difficulté de ranger le *Pulci* parmi les vrais Poëtes épiques, dit, pour l'excuſer, qu'il était l'écrivain de ſon

ſon temps le plus modeſte & le plus meſuré ; *il piu modeſto e moderato ſcrittore.* Le fait eſt qu'il fut le précurſeur du *Boyardo*, & de l'*Arioſte.* C'eſt par lui que les *Rollands*, les *Renauds*, les *Oliviers*, les *Dudons*, furent célèbres en Italie, & il eſt preſque égal à l'*Arioſte* pour la pureté de la langue.

On en a fait depuis peu une très-belle édition *col' licenza dè ſuperiori.* Ce n'eſt pas moi aſſurément qui l'ai faite ; & ſi nôtre Pucelle parlait auſſi impudemment que ce *Margutte*, fils d'un Prêtre Turc, & d'une religieuſe Grecque, je me garderais bien de l'imprimer.

On

On ne trouvera pas non plus dans *Jeanne* les même témérités que dans l'*Arioste* ; on n'y verra point un *St. Jean* ; qui habite dans la L'une, & qui dit :

Gli scrcttori amo ; e fo il debito mio
Che al vostro mondo fu scrittore anche io ;
E ben convenne al mie ladato Christo
Reder mi guiderdon d'un si gran sorte &c.

Cela est gaillard ; & *St. Jean* prend là une licence qu'aucun saint de la Pucelle ne prendra jamais.

C'est encor pour nous un grand sujet d'édification, que nôtre modeste auteur n'ait imité aucun de nos anciens Romans, dont le sçavant *Huet* Evêque d'Avranche, & le le judicieux Abbé l'*Anglet* ont fait l'hiſtoire. Qu'on ſe donne ſeulement le plaiſir de lire *Lancelot du Lac*, au chapitre ci, intitulé, *Comment* Lancelot *coucha avec la Royne*, & *comment le ſire de* Lagant *la reprint*. On verra quelle eſt la pudeur de nôtre Auteur, en comparaiſon de nos Auteurs antiques.

Mais *quid dicam*, de l'hiſtore merveilleuſe de *Gargantua*, dédiée au Cardinal de *Tournon*? On ſçait que le chapitre des *Torches - Cu* eſt un des plus modeſtes de l'ouvrage.

Nous ne parlons point ici des modernes; nous dirons ſeulement que les Contes *de la Fontaine* ſont encor

cor moins moraux que nôtre Pucelle. Au reste, nous souhaitons à tous nos graves Censeurs les sentimens délicats du beau *Monrose*; à nos prudes, s'il y en a, la naïveté d'*Agnès*, & la tendresse de *Dorothée*; à nos guerriers, le bras de la robuste *Jeanne*, à tous les Jésuites le caractère du bon confessenr *Bonifoux*, à tous ceux qui tiennent une bonne maison, les attentions, & le sçavoir faire de *Boneau*.

Nous croyons d'ailleurs ce petit livre, un reméde excellent contre les vapeurs, qui affligent en ce temps-ci plusieurs Dames & plusieurs Abbés; & quand nous n'aurions

rions rendu que ce ſervice au public, nous croirions n'avoir pas perdu nôtre temps.

LA

LA PUCELLE.

CHANT PREMIER.

Amours honnêtes de Charles VII. & d'Agnès Sorel. Siége d'Orléans par les Anglais. Aparition de St. Denis, &c. &c. &c.

VOus m'ordonnez de célébrer des Saints :
Ma voix eſt faible, & même un peu profane.
Il faut pourtant vous chanter cette Jeanne,
Qui fit, dit-on, des prodiges divins.
Elle affermit de ſes pucelles mains
Des fleurs de lys la tyge Gallicane,
Sauva ſon Roi de la rage Anglicane,
Et le fit oindre au maître-autel de Rheims.

 Jeanne

Jeanne montra ſous féminin viſage,
Sous le corſet & ſous le cotillon,
D'un vrai Roland le vigoureux courage.
J'aimerois mieux le ſoir pour mon uſage
Une beauté douce comme un mouton;
Mais Jeanne d'Arc eut un cœur de lion:
Vous le verrez, ſi liſez cet ouvrage.
Vous tremblerez de ſes exploits nouveaux;
Et le plus grand de ſes rares travaux
Fut de garder un an ſon pucelage.
O Chapelain *a*), toi dont le violon
De diſcordante & Gotique mémoire,
Sous un archet maudit par Apollon
D'un ton ſi dur a raclé ſon hiſtoire:
Vieux Chapelain, pour l'honneur de ton art,
Tu voudrais bien me prêter ton génie.
Je n'en veux point; c'eſt pour la Motte-Houdart, *b*)
Quand

a) Tous les doctes ſavent qu'il y eu du tems du Cardinal de Richelieu un Chapelain auteur d'un fameux Poëme de la Pucelle, dans lequel (à ce que dit Boileau,) *il fit de méchants vers douze fois douze cent.* Boileau ne ſavait pas que ce grand homme en fit douze fois vingt quatre cent, mais que par diſcrétion il n'en fit imprimer que la moitié. La maiſon de Longueville, qui deſcendait du beau bâtard Dunois, fit à l'illuſtre Chapelain une penſion de douze mille livres tournois. On pouvait mieux employer ſon argent.

b) La Motte-Houdart auteur d'une traduction en vers de l'Iliade, traduction très abrégée, & cependant très mal reçuë. Fontenelle dans l'éloge académique de la Motte, dit que c'eſt la faute de l'original.

Quand l'Iliade eſt par lui traveſtie.
Le bon Roi Charle, au printems de ſes jours,
Au tems de Pâque, en la cité de Tours,
A certain bal (ce Prince aimait la danſe)
Avait trouvé pour le bien de la France
Une beauté nommée Agnès Sorel. *c*)
Jamais l'amour ne forma rien de tel.
Imaginez de Flore la jeuneſſe,
La taille & l'air de la Nimphe des bois,
Et de Vénus la grace enchantereſſe,
Et de l'amour le féduiſant minois,
L'art d'Arachné, le doux chant des Sirénes;
Elle avoit tout: elle auroit dans ſes chaines
Mis les Héros, les Sages & les Rois.
La voir, l'aimer, ſentir l'ardeur brulante
Des doux déſirs en leur chaleur naiſſante,
Lorgner Agnès, ſoupirer & trembler,
Perdre la voix en voulant lui parler,
Preſſer ſes mains d'une main careſſante,
Laiſſer briller ſa flamme impatiente,
Montrer ſon trouble, en cauſer à ſon tour,
Lui plaire enfin, fut l'affaire d'un jour.
Princes & Rois vont très vite en amour.

c) Agnès Sorel Dame de Fromentau près de Tours. Le Roi Charles VII. lui donna le château de Beauté ſur Marne, & l'on l'apella Dame de Beauté. Elle eut deux enfans du Roi ſon amant; quoiqu'il n'eût point de privautés avec elle, ſuivant les Hiſtoriographes de Charles VII. gens qui diſent toûjours la vérité du vivant des Rois.

Agnès voulut, ſavante en l'art de plaire,
Couvrir le tout des voiles du miſtère,
Voiles de gaze, & que les courtiſans
Percent toûjours de leur yeux malfaiſans.
Donc, pour cacher comme on peut cette affaire,
Le Roi fit choix du conſeiller Bonneau, *d*)
Confident ſûr, & très-bon Tourangeau :
Il eut l'emploi qui certes n'eſt pas mince,
Et qu'à la Cour où tout ſe peint en beau,
Nous apellons être l'ami du Prince,
Et qu'à la ville, & ſurtout en Province,
Les gens groſſiers ont nommé Maquereau.
Monſieur Bonneau ſur le bord de la Loire,
Etait Seigneur d'un fort joli château.
Agnès un ſoir s'y rendit en bateau ;
Et le Roi Charle y vint à la nuit noire.
On y ſoupa ; Bonneau ſervit à boire.
Tout fut ſans faſte, & non pas ſans aprêts.
Feſtins des Dieux, vous n'êtes rien auprès.
Nos deux amants pleins de trouble & de joie,
Yvres d'amour, à leurs déſirs en proie,
Se renvoyaient des regards enchanteurs,
De leurs plaiſirs brulants avant-coureurs.
Les doux propos, libres ſans indécence,
Aiguillonnaient leur vive impatience.

Le

d) Perſonnage feint. Quelques curieux prétendent que le diſcret auteur avait en vuë certain gros valet de chambre d'un certain Prince. Mais nous ne ſommes pas de cet avis, & notre remarque ſubſiſte comme dit Dacier.

Le Prince en feu des yeux la dévorait ;
Contes d'amour d'un air tendre il faisait,
Et du genou le genou lui serrait.
 Le souper fait on eut une musique,
Italienne en genre Cromatique ; *e*)
On y mêla trois différentes voix
Aux violons, aux flutes, aux haut-bois.
Elles chantaient l'allégorique histoire
De cent héros qu'amour avait domptés,
Et qui pour plaire à de tendres beautés
Avaient quitté les fureurs de la gloire.
Dans un réduit cette musique était,
Près de la chambre où le bon Roi soupait.
La belle Agnès discréte & retenue,
Entendait tout, & d'aucuns n'était vue.
 Déja la Lune est au haut de son cours ;
Voilà minuit ; c'est l'heure des amours.
Dans une alcove artistement dorée,
Point trop obscure & point trop éclairée,
Entre deux draps que la Frise à tissus,
D'Agnès Sorel les charmes sont reçus.
Près de l'alcove une porte est ouverte,
Que Dame Alix suivante très-experte,
En s'en allant oublia de fermer.
O vous amants, vous qui savez aimer,
Vous voyez bien l'extrême impatience

e) Le Cromatique procède par plusieurs semitons consécutifs, ce qui produit une musique efféminée très-convenable à l'amour.

Dont petillait nôtre bon Roi de France.
Sur fes cheveux en treffes retenus
Parfums exquis font déja répandus.
Il vient, il entre au lit de fa maitreffe;
Moment divin de joye & de tendreffe;
Le cœur leur bat; l'amour & la pudeur,
Au front d'Agnès font monter la rougeur.
La pudeur paffe & l'amour feul demeure.
Son tendre amant l'embraffe tout-à-l'heure.
Ses yeux ardents, éblouïs, enchantés,
Avidemeur parcourent fes beautés.
Qui n'en ferait en effet idolâtre?
Sous un cou blanc qui fait honte à l'albâtre,
Sont deux tetons féparés, faits au tour,
Allans, venans, arrondis par l'amour;
Leur boutonnet a la couleur des rofes.
Teton charmant qui jamais ne repofes,
Vous invitiez les mains à vous preffer,
L'œil à vous voir, la bouche à vous baifer.
Pour mes Lecteurs tout plein de complaifance,
J'allais montrer à leurs yeux ébaudis
De ce beau corps les contours arrondis;
Mais la vertu qu'on nomme bienféance,
Vient arrêter mes pinceaux trop hardis.
Tout eft beauté, tout eft charme dans elle.
La volupté dont Agnès a fa part,
Lui donne encor une grace nouvelle,
Elle l'anime; amour eft un grand fard;
Et le plaifir embellit toute belle.
Trois mois entiers nos deux jeunes amants
Furent

Furent livrés à ces raviſſements.
Du lit d'amour ils vont droit à la table.
Un déjeuné, reſtaurant delectable,
Rend à leurs ſens leur premiére vigueur ;
Puis pour la chaſſe épris de même ardeur,
Ils vont tous deux ſur des chevaux d'Eſpagne,
Suivre cent chiens japants dans la campagne.
A leur retour on les conduit aux bains.
Pâtes, parfums, odeurs de l'Arabie,
Qui font la peau douce, fraiche, & polie,
Sont prodigués ſur eux à pleines mains.
Le diner vient ; la délicate chére !
L'oiſeau du phaſe, & le coq de bruyère,
De vingt ragoûts l'aprêt délicieux,
Charment le nez, le palais, & les yeux.
Du vin d'Aï la mouſſe pétillante,
Et du Tokai la liqueur jauniſſante,
En chatouillant les fibres des cerveaux,
Y porte un feu qui s'exhale en bons mots,
Auſſi brillants que la liqueur légére
Qui monte & ſaute & mouſſe au bords du verre :
L'ami Bonneau d'un gros rire aplaudit
A ſon bon Roi qui montre de l'eſprit.
Le diner fait, on digère, on raiſonne,
On conte, on rit, on médit du prochain,
On fait brailler des vers à maître Alain,
On fait venir des Docteurs de Sorbonne,
Des perroquets, un ſinge, un arlequin.
Le Soleil baiſſe ; une troupe choiſie
Avec le Roi court à la Comédie,

Et ſur la fin de ce fortuné jour
Le couple heureux s'enyvre encor d'amour.
  Plongés tous deux dans le ſein des délices,
Ils paraiſſoient en goûter les prémices.
Toûjours heureux, & toûjours plus ardents,
Point de ſoupçons, encor moins de querelles,
Nulle langueur; & l'amour & le tems
Auprès d'Agnès ont oublié leurs aîles.
Charle ſouvent diſait entre ſes bras,
En lui donnant des baiſers tout de flamme,
Ma chére Agnès, idole de mon ame,
Le monde entier ne vaut point vos apas.
Vaincre & régner n'eſt rien qu'une folie.
Mon Parlement *f*) me bannit aujourdhui;
Au fier Anglais la France eſt aſſervie.
Ah! qu'il ſoit Roi, mais qu'il me porte envie.
J'ai vôtre cœur, je ſuis plus Roi que lui.
Un tel diſcours n'eſt pas trop héroïque,
Mais un héros, quand il tient dans un lit
Maitreſſe honnête, & que l'amour le pique,
Peut s'oublier, & ne ſait ce qu'il dit.
  Comme il menait cette joyeuſe vie.
Tel qu'un Abbé dans ſa graſſe Abbaie,
Le Prince Anglais *g*) toûjours plein de furie.

Toû-

f) Le Parlement de Paris fit ajourner trois fois à ſon de trompe le Roi alors Dauphin, à la table de marbre, ſur les concluſions de l'Avocat du Roi Marigni. Voyez les recherches de Pâquier.

g) Ce Prince Anglais eſt le Duc de Bedfort, frère puîné de Henri V. Roi d'Angleterre couronné Roi de France à Paris.

Toûjours aux champs, toujours armé, botté,
Le pot en tête, & la dague au côté,
Lance en arrêt, la visiére haussée,
Foulait aux pieds la France terrassée :
Il marche, il vole, il renverse en son cours
Les murs épais, les menaçantes tours,
Répand le sang, prend l'argent, taxe, pille,
Livre aux soldats & la mére, & la fille,
Fait violer des Couvents de Nonains,
Boit le muscat des péres Bernardins,
Frappe en écus l'or qui couvre les Saints,
Et sans respect pour *Jesus* ni *Marie*,
De mainte église il fait mainte écurie ;
Ainsi qu'on voit dans une bergerie
Des loups sanglants de carnage altérés,
Et sous leurs dents les troupeaux déchirés,
Tandis qu'au loin couché dans la prairie,
Colin s'endort sur le sein d'Egèrie,
Et que son chien près d'eux est occupé,
A se saisir des restes du soupé.

Or, du plus haut du brillant Apogée,
Séjour des saints, & fort loin de nos yeux,
Le bon Denis *b*) prêcheur de nos ayeux,
Vit

b) Ce bon Denis n'est point Denis le prétendu Aréopagite, mais un Evêque de Paris. L'Abbé Hildouin fut le premier qui écrivit que cet Evêque ayant été décapité porta sa tête entre ses bras de Paris jusqu'à l'Abbaye qui porte son nom. On érigea ensuite des croix dans tous les endroits où ce Saint s'était arrêté en chemin. Le Cardinal de Polignac contant cette histoire à Madame la Marquise du

Vit les malheurs de la France affligée,
L'état horrible où l'Anglais l'a plongée,
Paris aux fers, & le Roi très-Chrêtien
Baiſant Agnès, & ne ſongeant à rien.
Ce bon Denis eſt patron de la France,
Ainſi que Mars fut le Saint des Romains,
Ou bien Pallas chez les Athéniens.
Il faut pourtant en faire différence,
Un Saint vaux mieux que tous les Dieux païens.
  Ah, par mon chef, dit-il, il n'eſt pas juſte
De voir ainſi tomber l'Empire auguſte,
Où de la Foi j'ai planté l'étendart;
Trône des lys, tu cours trop de hazard,
Sang des Valois, je reſſens tes miſères.
Ne ſouffrons pas que les ſuperbes frères,
De Henri cinq ſans droit & ſans raiſon,
Chaſſent ainſi le fils de la maiſon.
J'ai quoique Saint, & Dieu me le pardonne,
Averſion pour la race Bretonne:
Car ſi j'en crois le livre des deſtins,
Un jour ces gens raiſonneurs & mutins
Se gaufferont des ſaintes Décrétales,
Déchireront les Romaines Annales,
Et tous les ans le Pape bruleront.
Vengeons de loin ce ſacrilége affront;
Mes chers Français ſeront tous catholiques;

Ces

*** & ajoutant que Denis n'avait eu de peine à porter ſa tête que juſqu'à la premiére ſtation; cette Dame lui répondit, *Je le crois bien, il n'y a dans de telles affaires que le premier pas qui coûte.*

Ces fiers Anglais feront tous hérétiques:
Frappons, chaffons ces dogues Britanniques,
Puniffons-les par quelque nouveau tour,
De tout le mal qu'ils doivent faire un jour.
  Des Gallicans ainfi parlait l'Apôtre,
De maudiffons lardant fa patenôtre:
Et cependant que tout feul il parlait,
Dans Orléans un Confeil fe tenait.
Par les Anglais cette ville bloquée
Au Roi de France allait être extorquée.
Quelques Seigneurs & quelques Confeillers,
Les uns pedants & les autres guerriers,
Sur divers tons déplorant leur mifère,
Pour leur refrain difaient, Que faut-il faire?
Poton, la Hire, & ce brave Dunois, *i*)
S'écriaient tous en fe mordant les doigts;
Allons, amis, mourons pour la patrie,
Mais aux Anglais vendons cher nôtre vie.
Le Richemont criait tout haut, Par Dieu
Dans Orléans il faut mettre le feu,
Et que l'Anglais qui penfe ici nous prendre,
N'ait rien de nous que fumée & que cendre.
  Pour la Trimouille, il difait, C'eft en vain
Que mes parents me firent Poitevin;
J'ai dans Milan laiffé ma Dorothée;

Pour

i) Poton de Saintrailles, la Hire grands Capitaines, Jean de Dunois fils naturel de Jean d'Orléans & de la Comteffe d'Enguien; Richemont Connétable de France, depuis Duc de Bretagne; la Trimouille d'une grande maifon du Poitou.

Pour Orléans hélas je l'ai quittée !
Je combattrai, mais je n'ai plus d'efpoir :
Faut-il mourir, ô ciel, fans la revoir !
Le Préfident Louvet *k*) grand perfonnage,
Au maintien grave, & qu'on eût pris pour fage,
Dit, Je voudrais que préalablement
Nous fiffions rendre arrêt de Parlement
Contre l'Anglais, & qu'en ce cas énorme
Sur toute chofe on procédât en forme.
Louvet était un grand clerc : mais hélas !
Il ignorait fon trifte & piteux cas :
S'il le favait, fa gravité prudente
Procéderait contre fa Préfidente.
Le grand Talbot, le Chef des affiégeans,
Brûle pour elle & régne fur fes fens :
Louvet l'ignore, & fa mâle éloquence
N'a pour objet que de venger la France.
Dans ce confeil de fages, de héros,
On entendait les plus nobles propos,
Le bien public, la vertu les infpire ;
Surtout l'adroit & l'éloquent la Hire
Parla longtems, & pourtant parla bien ;
Ils difaient d'or, & ne concluaient rien.
Comme ils parlaient, on vit par la fenêtre
Je ne fai quoi dans les airs aparaître.
Un beau fantôme au vifage vermeil
Sur un rayon détaché du Soleil,

k) Le Préfident Louvet Miniftre d'Etat fous Charles VII.

Des Cieux ouverts fend la voute profonde.
Odeur de Saint se sentait à la ronde.
Le bon Denis dessus son chef avait
A deux pendants une Mitre pointue
D'or & d'argent sur le sommet fendue.
Sa dalmatique au gré des vents flottait,
Son front brillait d'une sainte auréeole,
Son coup panché laissait voir son étole,
Sa main portait ce bâton pastoral
Qui fut jadis *lituus augural. l)*
A cet objet qu'on discernait fort mal,
Voilà d'abord Monsieur de la Trimouille,
Paillard dévot, qui prie & s'agenouille.
Le Richemont qui porte un cœur de fer,
Blasphémateur, jureur impitoyable,
Haussant la voix dit que c'était le Diable
Qui leur venait du fin fond de l'enfer;
Que ce serait chose très agréable,
Si l'on pouvait parler à Lucifer.
Maître Louvet s'en courut au plus vite
Chercher un pot tout rempli d'eau bénite.
Poton, La Hire, & Dunois ébahis
Ouvrent tous trois de grands yeux ébaudis.
Tous les valets sont couchés sur le ventre.
L'objet aproche, & le saint fantôme entre
Tout doucement porté sur son rayon,
Puis donne à tous sa bénédiction.

Soudain

l) Le bâton des Augures ressemblait parfaitement à une crosse.

Soudain chacun se signe & se prosterne.
 Il les reléve avec un air paterne ;
Puis il leur dit ; „ Ne faut vous effrayer,
„ Je suis Denis, & Saint de mon métier ;
„ J'aimai la Gaule, & l'ai catéchisée,
„ Et ma bonne ame est très scandalisée
„ De voir Charlot mon filleul tant aimé,
„ Dont le pays en cendre est consumé,
„ Et qui s'amuse au lieu de le défendre,
„ A deux tetons qu'il ne cesse de prendre.
„ J'ai résolu d'assister aujourd'hui
„ Les bon Français qui combattent pour lui ;
„ Je veux finir leur peine & leur misère.
„ Tout mal, dit-on, guérit, par son contraire.
„ Or si Charlot veut pour une Catin
„ Perdre la France & l'honneur avec elle,
„ J'ai résolu, pour changer son destin,
„ De me servir des mains d'une pucelle.
„ Vous si d'enhaut vous désirez les biens,
„ Si vos cœurs sont & Français & Chrétiens,
„ Si vous aimez le Roi, l'Etat, l'Eglise,
„ Assistez - moi dans ma sainte entreprise ;
„ Montrez le nid où nous devons chercher
„ Ce vrai Phénix que je veux dénicher.
 A tant se tut le vénérable Sire.
Quand il eut fait, chacun se prit à rire.
Le Richemont né plaisant & moqueur,
Lui dit ; Ma foi, mon cher Prédicateur,
Monsieur le Saint, ce n'était pas la peine
D'abandonner le céleste domaine

Pour

Pour demander à ce peuple méchant
Ce beau joyau que vous estimez tant.
Quand il s'agit de sauver une ville,
Un pucelage est une arme inutile.
Pourquoi d'ailleurs le prendre en ce pays ?
Vous en avez tant dans le Paradis !
Rome & Lorette ont cent fois moins de cierges
Que chez les Saints il n'est là-haut de vierges.
Chez les Français, hélas, il n'en est plus.
Tous nos moûtiers sont à sec là-dessus.
Nos francs-Archers, nos Officiers, nos Princes
Ont dès longtems dégarni les Provinces.
Ils ont tous fait, en dépit de vos Saints,
Plus de bâtards encor que d'orphelins.
Monsieur Denis, pour finir nos querelles,
Cherchez ailleurs ; s'il vous plait, des pucelles.
  Le Saint rougit de ce discours brutal ;
Puis aussi-tot il remonte à cheval
Sur son rayon sans dire une parole,
Pique des deux, & par les airs s'envole,
Pour déterrer, s'il peut, ce beau bijou,
Qu'on tient si rare & dont il semble fou.
Laissons-le aller ; & tandis qu'il se perche
Sur l'un des traits qui vont porter le jour ;
Ami lecteur, puissiez-vous en amour
Avoir le bien de trouver ce qu'il cherche.

CHANT

CHANT SECOND

Jeanne armée par Saint Denis, va trouver Charles VII. à Tours: ce qu'elle fit en chemin; & comment elle eut ſon brevêt de pucelle.

HEureux cent fois qui trouve un pucelage!
C'eſt un grand bien, mais de toucher un cœur
Eſt à mon ſens un plus cher avantage.
Se voir aimé, c'eſt là le vrai bonheur.
Qu'importe hélas d'arracher une fleur?
C'eſt à l'amour à nous cueillir la roſe.
De très grands clercs ont gaté par leur gloſe
Un ſi beau texte, ils ont crû faire voir
Que le plaiſir n'eſt point dans le devoir.
Je veux contre eux faire un jour un gros livre;
J'enſeignerai le grand art de bien vivre;
Je montrerai qu'en réglant nos déſirs,
C'eſt du devoir que viennent nos plaiſirs.
Dans cette honnête & ſavante entrepriſe.
Du haut des cieux Saint Denis m'aidera;
Je l'ai chanté, ſa main me ſoutiendra.
En attendant il faut que je vous diſe
Quel fut l'effet de ſa ſainte entremiſe.

Vers

Vers les confins du pays Champenois,
Où cent poteaux marqués de trois merlettes, *a*)
Disaient aux gens, *en Lorraine vous êtes*,
Est un vieux bourg peu fameux autrefois;
Mais il mérite un grand nom dans l'histoire;
Car de lui vient le salut & la gloire
Des fleurs de lys, & du peuple Gaulois.
De Dom Remy chantons tous le Village;
Faisons passer son beau nom d'âge en âge.
O Dom Remy! tes pauvres environs
N'ont ni muscats, ni pêches, ni citrons.
Ni mine d'or, ni bon vin qui nous damne,
Mais c'est à toi que la France doit Jeanne.
Jeanne *b*) y nâquit: certain Curé du lieu,
Faisant partout des serviteurs à Dieu,
Ardent au lit, à table, à la priére,
Moine autrefois, de Jeanne fut le pére.
Une robuste & grasse Chambriére
Fut l'heureux moule où ce pasteur jetta
Cette beauté, qui les Anglais dompta.
Vers les seize ans en une hotellerie
On l'engagea pour servir l'écurie,
A Vaucouleurs; & déja de son nom

a) Il y avoit alors sur toutes, les Frontiéres de Lorraine des poteaux aux armes du Duc, qui sont trois Alérions, ils ont été ôté en 1738.

b) Elle était en effet native du village de Dom Remy, fille de Jean d'Arc, & d'Isabeau, âgée alors de vingt-sept ans, & servante de cabaret; ainsi son pére n'était point Curé. C'est une fiction poëtique qui n'est pas permise dans un sujet grave.

La renommée empliſſait le canton.
Son air eſt fier, aſſuré, mais honnête ;
Ses grands yeux noirs brillent à fleur de tête,
Trente-deux dents d'une égale blancheur
Sont l'ornement de ſa bouche vermeille,
Qui ſemble aller de l'une à l'autre oreille,
Mais bien bordée & vive en ſa couleur,
Appetiſſante & fraiche par merveille.
Ses tetons bruns, mais fermes comme un roc :
Tentent la robe, & le caſque, & le froc :
Elle eſt active, adroite, vigoureuſe ;
Et d'une main potelée & nerveuſe
Soutient fardeaux, verſe cent brocs de vin,
Sert le bourgeois, le noble, le robin :
Chemin faiſant, vingt ſoufflets diſtribuë
Aux étourdis dont l'indiſcrette main
Va tâtonnant ſa cuiſſe ou gorge nuë ;
Travaille & rit du ſoir juſqu'au matin,
Conduit, chevaux, les panſe, abreuve, étrille,
Et les preſſant de ſa cuiſſe gentille,
Les monte à crû comme un ſoldat Romain. *c*)
O profondeur! ô Divine Sageſſe!
Que tu confonds l'orgueilleuſe faibleſſe
De tous ces grands ſi petits à tes yeux!
Que les petits ſont grands quand tu le veux!
Ton ſerviteur Denis le bienheureux
N'alla roder aux Palais des Princeſſes,

N'alla

c) *Montait chevaux à poil, & faiſant apertiſes qu'autres filles n'ont point coutume de faire*, comme dit la chronique de Monſtrelet.

N'alla chez vous, Mesdames les Ducheſſes,
Denis courut, amis, qui le croirait ?
Chercher l'honneur, où ? dans un Cabaret.
Il était tems que l'Apôtre de France
Envers ſa Jeanne uſât de diligence.
Le bien public était en grand hazard.
De Satanas la malice eſt connuë,
Et ſi le Saint fût arrivé plus tard
D'un ſeul moment, la France était perdue.
Un Cordelier nommé Roc Grisbourdon,
Avec Chandos arrivé d'Albion,
Etait alors dans cette hotellerie :
Il aimait Jeanne autant que ſa patrie.
C'était l'honneur de la penaillerie,
De tous côtés allant en miſſion,
Prédicateur, confeſſeur, eſpion,
De plus, grand clerc en la ſorcellerie, *d*)
Savant dans l'art en Egypte ſacré,
Dans ce grand art cultivé chez les Mages,
Chez les Hébreux, chez les antiques Sages,
De nos ſavants dans nos jours ignoré.
Jours malheureux ! tout eſt dégénéré.
En feuilletant ſes livres de cabale,
Il vit qu'aux ſiens Jeanne ſerait fatale,
Qu'elle portait deſſous ſon court jupon
Tout le deſtin d'Angleterre & de France.
Encouragé par la noble aſſiſtance

d) La Sorcellerie était alors ſi en vogue, que Jeanne d'Arc elle-même fut brûlée depuis comme ſorciére, ſur la Requête de la Sorbonne.

De ſon génie, il jura ſon cordon,
Son Dieu, ſon Diable, & Saint François d'Aſſiſe,
Qu'à ſes déſirs Jeanne ſerait ſoumiſe,
Qu'il ſaiſirait ce beau Palladion. *e*)
J'aurai, dit-il, ma Jeanne en ma puiſſance;
Je ſuis Anglais, je dois faire le bien
De mon pays; mais plus encor le mien.
Au même tems un ignorant, un ruſtre,
Lui diſputait cette conquête illuſtre:
Cet ignorant valait un cordelier:
Car vous ſaurez qu'il était muletier,
Le jour, la nuit, offrant ſans fin, ſans terme,
Son lourd ſervice & l'amour le plus ferme.
L'occaſion, la douce égalité,
Faiſait pancher Jeanne de ſon côté:
Mais ſa pudeur triomphait de ſa flamme,
Qui par les yeux ſe gliſſait dans ſon ame.
Roc Grisbourdon vit ſa naiſſante ardeur.
Mieux qu'elle encor il liſait dans ſon cœur.
Il vint trouver ſon rival ſi terrible;
Puis il lui tint ce diſcours très plauſible.
Puiſſant héros qui paſſez au beſoin
Tous les mulets commis à votre ſoin,
Je ſai combien Jeanne d'Arc vous eſt chére:
Elle a mon cœur, comme elle à tous vos vœux.
Rivaux ardens, nous nous craignons tous deux.
En bons amis accordons nous pour elle;

Amants

e) Figure de Pallas, à laquelle le deſtin de Troye était attaché: preſque tous les Peuples ont eu de pareilles ſuperſtitions.

Amants unis, & rivaux ſans querelle,
Tâtons tous deux de ce morceau friand,
Qu'on pourrait perdre en ſe le diſputant.
Conduiſez-moi vers le lit de la belle,
J'évoquerai le Démon du dormir,
Ses doux pavots vont ſoudain l'aſſoupir,
Et tour à tour nous veillerons pour elle.
Incontinent le pére au grand cordon
Prend ſon grimoire, évoque le Démon,
Qui de Morphée eut autrefois le nom.
Ce peſant Diable eſt maintenant en France.
Vers le matin, lorſque nos Avocats
Vont s'enroüer à commenter Cujas,
Avec Meſſieurs il ronfle à l'audience.
L'après-dinée il aſſiſte aux ſermons
Des aprentifs dans l'art des Maſſillons,
A leurs trois points, à leurs citations,
Aux lieux communs de leur belle éloquence.
Dans le parterre il vient bâiller le ſoir.
Aux cris du moine il monte en ſon char noir;
Par deux hiboux trainé dans la nuit ſombre.
Dans l'air il gliſſe, & doucement fend l'ombre.
Les yeux fermés il arrive en bâillant,
Se met ſur Jeanne, & tâtonne & s'étend,
Et ſecouant ſon pavot narcotique,
Lui ſoufle au ſein vapeur ſoporifique.
Tel on nous dit que le moine Girard, *f*)

B 3 En

f) Le Jéſuite Girard convaincu d'avoir eu de petites privautés avec la Demoiſelle Cadiére ſa pénitente, fut accuſé de l'avoir enſorcelée en ſouf-

En confeſſant la gentille Cadiére,
Inſinuait de ſon ſouffle paillard
De diablotaux une autre fourmilliére.
Nos deux galants, pendant ce doux ſommeil,
Aiguillonnés du démon du réveil,
Ont de Jeannette ôté la couverture.
Déja trois dés roulant ſur ſon beau ſein,
Vont décider au Jeu de Saint Guilain,
Lequel des deux doit tenter l'avanture.
Le moine gagne; un Sorcier eſt heureux!
Le Grisbourdon ſe ſaiſit des enjeux;
Il fond ſur Jeanne: ô ſoudaine merveille!
Denis arrive, & Jeanne ſe réveille.
O Dieu! qu'un Saint fait trembler tout pécheur!
Nos deux rivaux ſe renverſent de peur.
Chacun d'eux fuit, en portant dans le cœur,
Avec la crainte un déſir de mal faire.
Vous avez vu ſans doute un Commiſſaire
Cherchant de nuit un couvent de Vénus;
Un jeune eſſain de tendrons demi-nus
Saute du lit, s'eſquive, ſe dérobe
Aux yeux hagards du noir pédant en robe.
Ainſi fuyaient mes paillards confondus.
Denis s'avance, & reconforte Jeanne
Tremblante encor de l'attentat profane.
Puis il lui dit: „ Vaſe d'élection,
„ Le Dieu des Rois, par tes mains innocentes,
„ Veut des Français venger l'oppreſſion,
„ Et

flant ſur elle. Voyez les notes du chant troiſiéme.

„ Et renvoyer dans les champs d'Albion
„ Des fiers Anglais les Cohortes ſanglantes.
„ Dieu ſait changer d'un ſouffle tout-puiſſant
„ Le roſeau frêle en cèdre du Liban,
„ Secher les mers, abaiſſer les collines,
„ Du monde entier reparer les ruines.
„ Devant tes pas la foudre grondera,
„ Autour de toi la terreur volera,
„ Et tu verras l'Ange de la victoire
„ Ouvrir pour toi les ſentiers de la gloire.
„ Sui-moi, renonce à tes humbles travaux;
„ Vien placer Jeanne au nombre des héros.
A ce diſcours terrible & patétique,
Et qui n'eſt point en ſtile académique,
Jeanne étonnée ouvrant un large bec,
Crut quelque tems que l'on lui parlait Grec.
Dans ce moment un rayon de la grace
Dans ſon eſprit porte un jour efficace.
Jeanne ſentit dans le fond de ſon cœur
Tous les élans d'une ſublime ardeur.
Non, ce n'eſt plus Jeanne la chambriére,
C'eſt un héros, c'eſt une ame guerriére.
Tel un bourgeois humble, ſimple, groſſier,
Qu'un vieux richard a fait ſon héritier,
En un palais fait changer ſa chaumiére:
Son air honteux devient démarche fiére;
Les grands ſurpris admirent ſa hauteur,
Et les petits l'apellent *Monſeigneur*.
Or pour hâter leur auguſte entrepriſe,
Jeanne & Denis s'en vont droit à l'Egliſe.

Lors aparut dessus le maître Autel,
(Fille de Jean quelle fut ta surprise!)
Un beau harnois tout frais venu du Ciel;
Des arsenaux du terrible Empirée,
En cet instant, par l'Archange Michel,
La noble armure avait été tirée:
On y voyait l'armet de Débora; g)
Ce clou pointu, funeste à Sizara;
Le caillou rond, dont un Berger fidéle
De Goliath entama la cervelle;
Cette mâchoire avec quoi combattit
Le fier Samson, qui ses cordes rompit,
Lorsqu'il se vit vendu par sa donzelle;
Le coutelet de la belle Judith,
Cette beauté si saintement perfide,
Qui, pour le Ciel, galante & homicide,
Son cher Amant massacra dans son lit.
A ces objets, Jeannette émerveillée,
De cette armure est bientôt habillée;
Elle vous prend & casque & corselet,
Brassars, cuissars, baudrier, gantelet,
Lance, clou, dague, épieu, caillou, mâchoire,
Marche, s'essaïe, & brûle pour la gloire.

Toute

g) Débora est la premiére femme guerriére dont il soit parlé dans le monde. Jahel autre héroïne, enfonça un clou dans la tête du Général Sizara: on conserve ce clou dans plusieur couvents Grecs & Latins, avec la mâchoire dont se servit Samson, la fronde de David, & le couperet avec lequel la célèbre Judith coupa la tête du Général Holoferne, ou Olfern, après ávoir couché avec lui.

Toute héroïne a besoin d'un coursier,
Jeanne en demande au triste Muletier:
Mais aussi-tôt un âne se présente,
Au beau poil gris, à la voix éclatante,
Bien étrillé, sellé, bridé, ferré,
Portant arçons, avec chanfrein doré,
Caracolant, du pied frapant la terre,
Comme un coursier de Thrace, ou d'Angleterre.
Ce beau grison deux aîles possédait
Sur son échine, & souvent s'en servait.
Ainsi Pégase, au haut des deux collines,
Portait jadis neuf Pucelles Divines;
Et l'Hypogriphe à la Lune volant,
Portait Astolphe au pays de Saint Jean.
Mon cher Lecteur veut connaître cet âne,
Qui vint alors offrir sa croupe à Jeanne,
Il le saura, mais dans un autre Chant:
Je l'avertis cependant qu'il révère
Cet âne heureux, qui n'est pas sans mystère.
Sur son grison Jeanne a déja sauté,
Sur son rayon Denis est remonté:
Tous deux s'en vont vers les rives de Loire,
Porter au Roi l'espoir de la victoire.
L'âne, tantôt trotte d'un pied leger,
Tantôt s'élève & fend les champs de l'air.
Le Cordelier toûjours plein de luxure,
Un peu remis de sa triste avanture,
Usant enfin de ses droits de Sorcier,
Change en mulet le pauvre Muletier,
Monte dessus, chevauche, pique & jure,

Qu'il

Qu'il ſuivra Jeanne au bout de la nature.
Le Muletier en ſon mulet caché,
Bât ſur le dos, crut gagner au marché;
Et du vilain, l'ame terreſtre & craſſe,
A peine vit qu'elle eut changé de place.
Jeanne & Denis s'en allaient donc vers Tours,
Chercher ce Roi plongé dans les amours.
Près d'Orléans, comme enſemble ils paſſèrent,
L'oſt des Anglais de nuit ils traverſèrent.
Ces fiers Bretons ayant bû triſtement,
Cuvaient leur vin, dormaient profondément.
Tout était yvre, & goujeats & vedettes:
On n'entendait ni Tambours ni Trompettes;
L'un dans ſa tente était couché tout nu,
L'autre ronflait ſur ſon page étendu.
Alors Denis, d'une voix paternelle,
Tint ces propos tous bas à la pucelle:
Fille de bien, tu ſauras que Niſus *h*)
Etant un ſoir aux tentes de Turnus,
Bien ſecondé de ſon cher Euriale,
Rendit la nuit aux Rutulois fatale.
Le même advint au quartier de Rheſus, *i*)
Quand la valeur du preux fils de Tidée,
Par la nuit noire & par Ulyſſe aidée,
Sut envoyer ſans danger, ſans effort,
Tant de Troyens du ſommeil à la mort.
Tu peux jouïr de ſemblable victoire.

Parle,

h) Avanture décrite dans l'Eneïde.
i) Avanture de l'Iliade.

Parle, di-moi, veux-tu de cette gloire?
Jeanne lui dit, Je n'ai point lû l'hiſtoire;
Mais je ſerais de courage bien bas,
De tuer gens qui ne combattent pas.
Diſant ces mots elle aviſe une tente,
Que les rayons de la lune brillante
Faiſaient paraître à ſes yeux éblouïs,
Tente d'un Chef, ou d'un jeune Marquis:
Cent gros flacons remplis de vin exquis,
Sont tout auprès. Jeanne avec aſſurance
D'un grand pâté prend les vaſtes débris,
Et boit ſix coups avec Monſieur Denis,
A la ſanté de ſon bon Roi de France.
  La tente était celle de Jean Chandos, *k*)
Fameux guerrier qui dormait ſur le dos.
Jeanne ſaiſit ſa redoutable épée,
Et ſa culotte en velours découpée.
Ainſi jadis, David aimé de Dieu,
Ayant trouvé Saül en certain lieu,
Et lui pouvant ôter très-bien la vie,
De ſa chemiſe il lui coupa partie,
Pour faire voir à tous les Potentats
Ce qu'il put faire, & ce qu'il ne fit pas.
Près de Chandos était un jeune page
De quatorze ans, mais charmant pour ſon âge,
Lequel montrait deux globes faits au tour,
Qu'on aurait pris pour ceux du tendre amour.
Non loin du Page était une écritoire,

Dont

k) L'un des grands Capitaines de ce tems-là.

Dont se servait le jeune homme aprés boire,
Quand tendrement quelques vers il faisait,
Pour la beauté qui son cœur séduisait.
Jeanne prend l'encre, & sa main lui dessine
Trois fleurs de lys, juste dessous l'échine;
Présage heureux du bonheur des Gaulois,
Et monument de l'amour de ses Rois.
Le bon Denis voyait, se pâmant d'aise,
Les lys Français sur une fesse Anglaise.
  Qui fut penaut le lendemain matin?
Ce fut Chandos, ayant cuvé son vin;
Car s'éveillant il vit sur ce beau Page
Les fleurs de lys. Plein d'une juste rage,
Il crie alerte, il croit qu'on le trahit:
A son épée il court auprès du lit;
Il cherche en vain; l'épée est disparuë;
Point de culotte; il se frotte la vuë,
Il gronde, il crie, & pense fermement
Que le grand Diable est entré dans le camp.
  Ah! qu'un rayon de Soleil & qu'un âne,
Cet âne aîlé qui sur son dos a Jeanne,
Du monde entier feraient bientôt le tour!
Jeanne & Denis arrivent à la Cour.
Le doux Prélat sait par expérience
Qu'on est railleur à cette Cour de France.
Il se souvient des propos insolens
Que Richemont lui tint dans Orléans,
Et ne veut plus à pareille avanture
D'un saint Evêque exposer la figure.
Pour son honneur il prit un nouveau tour;

Il s'affubla de la triste encolure
Du bon Roger Seigneur de Baudricour, *l*)
Preux Chevalier, & ferme Catholique,
Hardi parleur, loyal & véridique,
Malgré cela pas trop mal à la Cour.
„ Eh jour de Dieu, dit-il parlant au Prince,
„ Vous languissez au fond d'une Province,
„ Esclave Roi, par l'amour enchainé,
„ Quoi votre bras indignement repose!
„ Ce front Royal, ce front n'est couronné,
„ Que de tissus, & de mirthe, & de rose!
„ Et vous laissez vos cruels ennemis
„ Rois dans la France & sur le Trone assis!
„ Allez mourir, ou faites la conquête
„ De vos Etats ravis par ces mutins:
„ Le Diadême est fait pour vôtre tête,
„ Et les Lauriers n'attendent que vos mains.
„ Dieu dont l'esprit allume mon courage,
„ Dieu dont ma voix annonce le langage,
„ De sa faveur est prêt à vous couvrir.
„ Osez le croire, osez vous secourir:
„ Suivez du moins cette auguste Amazone,
„ C'est vôtre appui, c'est le soutien du Trône,
„ C'est par son bras que le Maître des Rois
„ Veut rétablir nos Princes & nos Loix.
„ Jeanne avec vous chassera la famille
„ De cet Anglais si terrible & si fort:

„ De-

l) Il ne s'appellait point Roger, mais Robert: cette faute est légère; ce fut lui qui mena Jeanne d'Arc à Tours en 1429. & qui la présenta au Roi.

„ Devenez homme, & ſi c'eſt vôtre ſort,
„ D'être à jamais mené par une fille,
„ Fuyez au moins celle qui vous perdit,
„ Qui vôtre cœur dans ſes bras amollit;
„ Et digne enfin de ce ſecours étrange,
„ Suivez les pas de celle qui vous venge.
L'amant d'Agnès eut toûjours dans le cœur
Avec l'amour un très-grand fonds d'honneur.
Du vieux ſoldat le diſcours patétique
A diſſipé ſon ſommeil létargique.
Ainſi qu'un Ange un jour du haut des airs
De ſa trompette ébranlant l'univers,
Rouvrant la tombe, animant la pouſſiére,
Rappellera les morts à la lumiére:
Charle éveillé, Charle bouillant d'ardeur,
Ne lui répond qu'en s'écriant aux armes.
Les ſeuls combats à ſes yeux ont des charmes.
Il prend ſa pique, il brule de fureur.
Bientôt après la premiére chaleur
De ces tranſports où ſon ame eſt en proye,
Il voulut voir ſi celle qu'on envoye
Vient de la part du Diable ou du Seigneur,
Ce qu'il doit croire, & ſi ce grand prodige
Eſt en effet ou miracle ou preſtige.
Donc ſe tournant vers la fiére beauté,
Le Roi lui dit d'un ton de majeſté,
Qui confondrait toute autre fille qu'elle,
Jeanne, écoutez; Jeanne, êtes-vous pucelle?
Jeanne lui dit, O grand Sire, ordonnez
Que médecins lunettes ſur le nez,

Matro-

Matrones, Clercs, Pedants, Apoticaires,
Viennent ſonder ces féminins miſtères;
Et ſi quelqu'un ſe connait à cela,
Qu'il trouſſe Jeanne, & qu'il regarde là.
A ſa réponſe & ſage & meſurée,
Le Roi vit bien qu'elle était inſpirée.
  Or ſus, dit-il, ſi vous en ſavez tant,
Fille de bien, dites-moi dans l'inſtant,
Ce que j'ai fait cette nuit à ma belle;
Mais parlez net. Rien du tout, lui dit-elle.
Le Roi ſurpris ſoudain s'agenouilla,
Cria tout haut miracle, & ſe ſigna.
Incontinent la cohorte fourée,
Bonnet en tête, Hippocrate à la main,
Vient obſerver le pur & noble ſein
De l'Amazone à leurs regards livrée: *m*)
On la met nuë, & monſieur le Doyen
Ayant le tout conſideré très-bien,
Deſſus, deſſous, expédie à la belle
En parchemin un brêvet de pucelle.
  L'eſprit tout fier de ce brêvet ſacré,
Jeanne ſoudain d'un pas déliberé
Retourne au Roi, devant lui s'agenouille,
Et déployant la ſuperbe dépouille
Que ſur l'Anglais elle a priſe en paſſant,
Permets, dit-elle, ô mon Maître puiſſant,
Que ſous tes loix la main de ta Servante

Oſe

m) Effectivement des Médecins & des Matrones viſitèrent Jeanne d'Arc, & la declarèrent Pucelle.

Ose venger la France gémissante.
Je remplirai tes oracles divins :
J'ose à tes yeux jurer par mon courage,
Par cette épéé, & par mon pucelage,
Que tu seras huilé bientôt à Rheims.
Tu chasseras les Anglaises cohortes,
Qui d'Orléans environnent les portes.
Viens accomplir tes augustes destins,
Viens, & de Tours abandonnant la rive,
Dès ce moment souffre que je te suive.
Les Courtisans autour d'elle pressés,
Les yeux au Ciel & vers Jeanne adressés,
Battent des mains, l'admirent, la secondent,
Cent cris de joye à son discours répondent.
Dans cette foule il n'est point de guerrier
Qui ne voulût lui servir d'écuyer,
Porter sa lance, & lui donner sa vie ;
Il n'en est point qui ne soit possédé
Et de la gloire & de la noble envie
De lui ravir ce qu'elle a tant gardé.
Prêt à partir chaque Officier s'empresse :
L'un prend congé de sa vieille maîtresse,
L'un sans argent, va droit à l'usurier,
L'autre à son hôte, & compte sans payer.
Denis à fait déployer l'oriflamme. *n*)
A cet aspect le Roi Charle s'enflamme
D'un noble espoir à sa valeur égal.

Cet

n) Etendart aporté par un Ange dans l'Abbaye de St. Denis, lequel était autrefois entre les mains des Comtes de Vexin.

Cet étendart aux ennemis fatal,
Cette Héroïne, & cet âne aux deux aîles,
Tout lui promet des palmes immortelles.
Denis voulut, en partant de ces lieux,
Des deux Amants épargner les adieux.
On eût versé des larmes trop amères,
On eût perdu des heures toûjours chères.
  Agnès dormait, quoiqu'il fût un peu tard:
Elle était loin de craindre un tel départ.
Un songe heureux dont les erreurs la frapent,
Lui retraçait des plaisirs qui s'échapent.
Elle croyait tenir entre ses bras
Le cher amant dont elle est Souveraine;
Songe flatteur, tu trompais ses apas:
Son Amant fuit, & Saint Denis l'entraine.
Tel dans Paris un Médecin prudent
Force au régime un malade gourmand,
A l'appetit se montre inexorable,
Et sans pitié le fait sortir de table.
  Le bon Denis eut à peine arraché
Le Roi de France à son charmant péché,
Qu'il courut vîte à son ouaille chère,
A sa pucelle, à sa fille guerrière;
Il a repris son air de bienheureux,
Son ton dévot, ses plats & courts cheveux,
L'anneau béni, la crosse pastorale,
Ses gants, sa croix, sa mître Episcopale;
Va, lui dit-il, sers la France & ton Roi;
Mon œil benin sera toûjours sur toi.
Mais au laurier du courage héroïque

Joins le rosier de la vertu pudique.
Je conduirai tes pas dans Orléans.
Lorsque Talbot, le Chef des mécréans,
Le cœur saisi du démon de luxure,
Croira tenir sa Présidente impure,
Il tombera sous ton robuste bras.
Puni son crime, & ne l'imite pas.
Sois à jamais dévote avec courage.
Je pars, adieu; pense à ton pucelage.
La belle en fit un serment solemnel;
Et son patron repartit pour le Ciel.

CHANT

CHANT TROISIEME.

Description du Palais de la sottise. Combat vers Orléans. Agnès se revêt de l'armure de Jeanne pour aller trouver son Amant : elle est prise par les Anglais, & sa pudeur souffre beaucoup.

CE n'est le tout d'avoir un grand courage,
Un coup d'œil ferme au milieu des combats,
D'être tranquille à l'aspect du carnage,
Et de conduire un monde de soldats,
Car tout cela se voit en tous climats,
Et tour à tour ils ont cet avantage.
Qui me dira si nos ardens Français
Dans ce grand art, l'art affreux de la guerre,
Sont plus savants que l'intrépide Anglais ?
Si le Germain l'emporte sur l'Ibère ?
Tous ont vaincu, tous ont été défaits.
Le grand Condé fut battu par Turenne ; a)

C 2 Le

a) A la fameuse bataille des Dunes près de Dunkerke.

Le fier Villars fut vaincu par Eugène. *b*)
De Stanislas le vertueux suport,
Ce Roi soldat, Don Quichote du Nord,
Dont la valeur a paru plus qu'humaine,
N'a-t-il pas vû dans le fond de l'Ukraine,
A Pultava tous ses lauriers flétris, *c*)
Par un rival objet de ses mépris?
  Un beau secret serait, à mon avis,
De bien savoir éblouïr le vulgaire,
De s'établir un divin caractère,
D'en imposer aux yeux des ennemis;
Car les Romains, à qui tout fut soumis,
Domtaient l'Europe au milieu des miracles.
Le Ciel pour eux prodigua les oracles.
Jupiter, Mars, Pollux & tous les Dieux
Guidaient leur Aigle, & combattaient pour eux.
Ce grand Bacchus qui mit l'Asie en cendre,
L'antique Hercule & le fier Alexandre,
Pour mieux régner sur les peuples conquis,
De Jupiter ont passé pour les fils:
Et l'on voyait les Princes de la terre
A leurs genoux redouter le tonnerre.
  Denis suivit ces exemples fameux;
Il prétendit que Jeanne la pucelle
Chez les Anglais passât même pour telle,
Et que Betfort, & l'amoureux Talbot,
Et Tirconel, & Chandos l'indévot,
Crussent la chose, & qu'ils vissent dans Jeanne
Un

b) A Malplaquet près de Mons en 1709.
c) Aussi en 1709.

Un bras divin fatal à tout profane.
Il s'en va prendre un vieux Bénédictin,
Non tel que ceux dont le travail immenſe
Vient d'enrichir les Libraires de France;
Mais un Prieur engraiſſé d'ignorance,
Et n'ayant lû que ſon Miſſel Latin:
Frére Lourdis fut le bon perſonnage
Qui fut choiſi pour ce nouveau voyage.
Devers la Lune où l'on tient que jadis
Etait placé des fous le Paradis, *d*)
Sur les confins de cet abîme immenſe,
Où le cahos, & l'Erèbe, & la nuit,
Avant les tems de l'univers produit,
Ont exercé leur aveugle puiſſance,
Il eſt un vaſte & caverneux ſéjour
Peu careſſé des doux rayons du jour,
Et qui n'a rien qu'une lumiére affreuſe,
Froide, tremblante, incertaine & trompeuſe:
Pour toute étoile on a dès feux folets.
L'air eſt peuplé de petits farfadets.
De ce pays la Reine eſt la ſottiſe.
Ce vieil enfant porte une barbe griſe,
Oeil de travers, & bouche à la Danchet. *e*)

d) On appellait autrefois *Paradis des fous*, *Paradis des ſots*, les Limbes; & on plaça dans ces Limbes les ames des imbécilles & des petits enfans morts ſans batême. *Limbe* ſignifie *bord*, *bordure*, & c'était vers les bords de la Lune qu'on avait établi ce Paradis. Milton en parle; il fait paſſer le Diable par le Paradis des ſots: *the Paradiſe of fools.*

e) Ceci paraît une alluſion aux fameux couplets de Rouſſeau.

Sa lourde main tient pour ſceptre un hochet.
De l'ignorance elle eſt, dit-on, la fille.
Près de ſon trône eſt ſa ſotte famille,
Le fol orgueil, l'opiniâtreté,
Et la pareſſe & la crédulité.
Elle eſt ſervie, elle eſt flattée en Reine;
On la croirait en effet Souveraine;
Mais ce n'eſt rien qu'un fantôme impuiſſant,
Un Chilperic, un vrai Roi fainéant.
La fourberie eſt ſon miniſtre avide.
Tout eſt réglé par ce Maitre perfide;
Et la ſottiſe eſt ſon digne inſtrument.
Sa Cour plénière eſt à ſon gré fournie
De gens profonds en fait d'Aſtrologie,
Surs de leur art, à tous momens déçus,
Dupes, fripons, & partant toûjours crus.
C'eſt-là qu'on voit les maîtres d'alchimie
Faiſant de l'or, & n'ayant pas un ſou,
Les Roſes-croix, & tout ce peuple fou
Argumentant ſur la Théologie.
Le gros Lourdis pour aller en ces lieux
Fut donc choiſi parmi tous ſes confrères.
Lorſque la nuit couvrait le front des Cieux
D'un tourbillon de vapeurs non légères,

En-

Je te vois, innocent Danchet,
Grands yeux ouverts, bouche béante.

Une bouche à la Danchet, était devenu une eſpéce de proverbe. Ce Danchet était un poëte médiocre, qui a fait quelques piéces de Théatre, &c.

Envelopé dans le ſein du repos,
Il fut conduit au Paradis des ſots.
Quand il y fut, il ne s'étonna guéres:
Tout lui plaiſait, & même en arrivant,
Il crut encor être dans ſon couvent.
Il vit d'abord la ſuite emblématique
Des beaux tableaux de ce ſéjour antique.
Caco-Démon qui ce grand temple orna,
Sur la muraille à plaiſir grifonna
Un long croquis de toutes nos ſottiſes,
Traits d'étourdi, pas de clerc, balourdiſes,
Projets mal faits, plus mal exécutés,
Et tous les mois du mercure vantés.
Dans cet amas de merveilles confuſes,
Parmi ces flots d'impoſteurs & de buſes,
On voit ſurtout un ſuperbe Ecoſſais,
Law eſt ſon nom; nouveau Roi des Français,
D'un beau papier il porte un diadême,
Et ſur ſon front il eſt écrit *ſiſtême*. *f*)
Environné de grands balots de vent,
Sa noble main les donne à tout venant:
Prêtres, Catins, guerriers, gens de juſtice,
Lui vont porter leur or par avarice.
Ah quel ſpectacle! Ah vous êtes donc là,

 Ten-

f) Le ſyſtême fameux du Sieur *Las* ou *Law* Ecoſſais, qui bouleverſa tant de fortunes en France depuis 1718. juſqu'à 1720 avait encor laiſſé des traces funeſtes, & l'on s'en reſſentait en 1730. qui fut le temps où nous jugeons que l'auteur commença ce Poëme.

Tendre Escobar, *suffisant* g) Molina,
Petit Doucin dont la main pateline
Donne à baiser une bulle Divine,
Que le Tellier h) lourdement fabriqua,
Dont Rome même en secret se moqua,
Et qui chez nous est la noble origine
De nos partis, de nos divisions,
Et qui pis est, de volumes profonds
Remplis, dit-on, de poisons hérétiques,
Tous poisons froids, & tous soporifiques.
Les combattans nouveaux Bellérofons,
Dans cete nuit montés sur des chimères,
Les yeux bandés cherchent leurs adversaires;
De longs siflets leurs servent de clairons,
Et dans leur docte & sainte frénésie,
Ils vont frappant à grands coups de vessie.
Ciel, que d'écrits, de disquisitions,
De mandements & d'explications,
Que l'on explique encor peur de s'entendre!
O Croniqueur des héros du Scamandre,
Toi qui jadis des grenouilles, des rats

Si

g) On connait assez par les excellentes *Lettres Provinciales*, les Casuistes *Escobar & Molina*. Ce *Molina* est apellé ici *suffisant*, par allusion à la grace *suffisante & versatile*, sur laquelle il avoit fait un systême absurde, comme celui de ses adversaires.

h) Le Tellier Jésuite, fils d'un Procureur de Vire en Basse-Normandie, Confesseur de Louis XIV., auteur de *la Bulle*, & de tous les troubles qui la suivirent; exilé pendant la Régence, & dont la mémoire est abhorrée de nos jours. Le Pére Doucin était son premier Ministre.

Si doctement as chanté les combats,
Sors du tombeau, vien célébrer la guerre
Que pour la bulle on fera sur la terre.
Le Janseniste esclave du destin,
Enfant perdu de la *grace efficace*,
Dans ses drapeaux porte un Saint Augustin,
Et pour *plusieurs* il marche avec audace. *i*)
Les ennemis s'avancent tout courbés
Dessus le dos de cent petits Abbés.
Cessez, cessez, ô discordes civiles;
Tout va changer, place, place, imbéciles.
Un grand tombeau sans ornement, sans art,
Est élevé non loin de Saint Médard. *k*)
L'esprit divin pour éclairer la France
Sous cette tombe enferme sa puissance;
L'aveugle y court, & d'un pas chancelant
Aux quinze-vingt retourne en tâtonnant.
Le boiteux vient clopinant sur sa tombe,
Crie *hosanna*, saute, gigotte, & tombe.
Le sourd aproche, écoute, & n'entend rien.
Tout aussi-tôt de pauvres gens de bien
D'aise pâmés, vrais témoins de miracle,
Du bon *Pâris* baisent le tabernacle. *l*)

Frére

i) Les Jansenistes disent que le Messie n'est venu que pour plusieurs.

k) Ceci désigne les Convulsionaires, & les miracles attestés par des milliers de Jansenistes, miracle dont Carré Mongeron fit imprimer un gros recueil qu'il présenta au Roi Louis XV.

l) Le bon *Pâris* était un Diacre imbécille, mais qui étant un des Jansenistes les plus zélés, & les plus accrédités parmi la populace, fut regardé comme un

Frére Lourdis fixant ſes deux gros yeux,
Voit ce ſaint œuvre, en rend graces aux Cieux,
Joint les deux mains, & riant d'un ſot rire,
Ne comprend rien, & toute choſe admire.
Ah! le voici ce ſavant tribunal,
Moitié Prélats, & moitié monacal;
D'Inquiſiteurs une troupe ſacrée,
Eſt là pour Dieu de Sbires entourée.
Ces ſaints Docteurs aſſis en jugement,
Ont pour habit plumes de chathuant;
Oreilles d'âne ornent leur tête auguſte:
Et pour peſer le juſte avec l'injuſte,

Le

Saint par cette populace. Ce fut vers l'an 1724. qu'on imagina d'aller prier ſur la tombe de ce bon homme au cimetiére d'une Egliſe de Paris, érigée à un Saint Médard, qui d'ailleurs eſt peu connu. Ce St. Médard n'avait jamais fait de miracles, mais l'abbé Pâris en fit une multitude. Le plus marqué eſt celui que Madame la Ducheſſe du Maine célébra dans cette chanſon.

Un décroteur à la Royale
Du talon gauche eſtropié,
Obtint pour grace ſpéciale
D'être boiteux de l'autre pié.

Ce St. Pâris fit trois ou quatre cent miracles de cette eſpèce: il aurait reſſuſcité des morts ſi on l'avait laiſſé faire, mais la police y mit ordre: de là ce diſtique connu.

De par le Roi, défenſe à Dieu,
D'opérer miracle en ce lieu.

Le vrai, le faux, balance eſt dans leurs mains.
Cette balance a deux larges baſſins ;
L'un tout comblé contient l'or qu'ils excroquent,
Le bien, le ſang des pénitens qu'ils croquent ;
Dans l'autre ſont bulles, brefs, orémus,
Beaux chapelets, ſcapulaires, agnus.
Aux pieds bénits de la docte aſſemblée,
Voyez-vous pas le pauvre Galilée, *m*)
Qui tout contrit leur demande pardon,
Bien condamné pour avoir eu raiſon ?
 Murs de Loudun, quel nouveau feu s'allume ?
C'eſt un Curé que le bucher conſume :
Douze faquins ont déclaré ſorcier,
Et fait griller Meſſire Urbain Grandier. *n*)
 Galigaï, ma chère Maréchale, *o*)

Ah,

m) Galilée, le fondateur de la philoſophie en Italie, fut condamné par la congrégation du Saint Office, mis en priſon, & traité très durement, non ſeulement comme hérétique, mais comme ignorant, pour avoir démontré le mouvement de la terre.

n) Urbain Grandier curé de Loudun, condamné au feu en 1629. par une commiſſion du Conſeil, pour avoir mis le Diable dans le corps de quelques religieuſes. Un nommé la Menardaye à été aſſez imbécille pour faire imprimer en 1749. un livre dans lequel il croit prouver la vérité de ces poſſeſſions.

o) *Galigaï*. Eléonore Galigaï, fille de grande qualité attachée à la Reine Marie de Médicis, & ſa Dame d'honneur, épouſe de *Concino Concini* Florentin, Marquis d'Ancre, Maréchal de France, fut nonſeulement décapitée à la Grêve en 1617. comme il eſt dit dans l'abregé chron. de l'Hiſt. de France, mais fut brûlée comme ſorciére, & ſes biens furent donnés à ſes ennemis. Il n'y eut que cinq

Ah, qu'aux ſavants nôtre France eſt fatale!
Car on te chauſe en feu brillant & clair,
Pour avoir fait pacte avec Lucifer.
Je vois plus loin cet arrêt autentique, *p*)
Pour Ariſtote, & contre l'émétique.
Venez, venez, mon beau pére Girard,
Vous méritez un long article à part.
Vous voilà donc, mon confeſſeur de fille,
Tendre dévot qui prêchez à la grille,
Que dites-vous des pénitens apas
De ce tendron converti dans vos bras?
J'eſtime fort cette douce avanture.
Tout eſt humain, Girard, en vôtre fait:
Ce n'eſt pas là pécher contre nature:
Que de dévots en ont encor plus fait!
Mais, mon ami, je ne m'attendais guère
De voir entrer le Diable en cette affaire.
Girard, Girard, tous tes accuſateurs,
Jacobin, Carme, & faiſeur d'écriture,
Juges, témoins, ennemis, protecteurs,

Aucun

Conſeillers qui indignés d'une horreur ſi abſurde, ne voulurent pas aſſiſter au jugement.

p) Le Parlement ſous *Luis XIII.* défendit ſous peine des galères qu'on enſeignât une autre doctrine que celle d'Ariſtote; & défendit enſuite l'émétique, mais ſans condamner aux galères les Médecins ni les malades. Louis XIV. fut guéri à Calais par l'émétique, & l'arrêt du Parlement perdit de ſon crédit.

q) L'hiſtoire du Jéſuite Girard & de la Cadiére eſt aſſez publique; le Jéſuite fut condamné au feu comme ſorcier par la moitié du Parlement d'Aix, & abſous par l'autre moitié.

Aucun de vous n'eſt ſorcier, je vous jure.
O toi, ſottiſe ! ô groſſe Déité !
De qui les flancs à tout âge ont porté
Plus de mortels que Cibèle féconde
N'avait jadis donné de Dieux au monde,
Qu'avec plaiſir ton grand œil hébété
Voit tes enfans dont ma patrie abonde ;
Sots traducteurs, & ſots compilateurs,
Et ſots auteurs, & non moins ſots lecteurs :
Je t'interroge, ô ſuprême puiſſance !
Daigne m'aprendre en cette foule immenſe
De tes Enfans qui ſont les plus chéris,
Les plus féconds en lourds & plats écrits,
Les plus conſtans à broncher comme à braire
A chaque pas dans la même carriére :
Ah ! je connais que tes ſoins les plus doux
Sont pour l'auteur du journal de Trévoux.
Tandis qu'ainſi Denis notre bon pére
Devers la lune en ſecret préparait
Contre l'Anglais cet innocent miſtère,
Une autre ſcène en ce moment s'ouvrait,
Chez les grands fous du monde Sublunaire.
Charle eſt déja parti pour Orléans,
Ses étendarts flottent au gré des vents.
A ſes côtés Jeanne le caſque en tête,
Déja de Rheims lui promet la conquête.
Voyez-vous pas ces jeunes écuyers,
Et cette fleur de loyaux Chevaliers ?
La lance au poing cette troupe environne
Avec reſpect notre ſainte Amazone.

Ainſi

Ainſi l'on voit le ſexe maſculin
A Fontevraud ſervir le féminin. r)
Le Sceptre eſt là dans les mains d'une femme;
Et pére Anſelme eſt béni par Madame.
La belle Agnès en ces cruels moments,
Ne voyant plus ſon amant qu'elle adore,
Céde aux chagrin dont l'excès la dévore :
Un froid mortel s'empare de ſes ſens.
L'ami Bonneau toujours plein d'induſtrie,
En cent façons la rapelle à la vie.

Elle

r) *Fontevraud*, *Fontevaux*, *Font-Ebraldi* eſt un bourg en Anjou à trois lieuës de Saumur, connu par une célèbre Abbaye de filles, chef-d'ordre, érigée par Robert d'Arbriſſel né en 1047. & mort en 1117. Après avoir fixé ſes tabernacles à la forêt de Fontevraud, il parcourut nuds pieds les Provinces du Royaume,afin d'exhorter à la pénitence les filles de joye, & les attirer dans ſon cloître; il fit de grandes converſions en ce genre,entr'autres dans la ville de Roüen. Il perſuada à la célèbre Reine Bertrade de prendre l'habit de Fontevraud, & il établit ſon ordre par toute la France. Le Pape Paſchal II. le mit ſous la protection du St. Siége en 1106. Robert quelque tems avant ſa mort, en conféra le Generalat à une Dame, nommée Pétronille de Chemillé, & voulut que toûjours une femme ſuccédât à une autre femme dans la dignité de Chef de l'ordre, commandant également aux Religieux comme aux Religieuſes. Trente-quatre ou trente-cinq abeſſes ont ſuccédé juſqu'à ce jour à Pétronille, parmi leſquelles on compte quatorze Princeſſes, & dans ce nombre, cinq de la maiſon de Bourbon. Voyez ſur cela Ste. Marthe dans le 4e. vol. du *Gallia Chriſtiana* & le *Clypeus ordinis Fontebraldenſis* du Père de la Mainferme.

Elle ouvre encor ſes yeux, ces doux vainqueurs,
Mais ce n'eſt plus que pour verſer des pleurs.
Puis ſur Bonneau ſe penchant d'un air tendre,
C'en eſt donc fait, dit-elle, on me trahit.
Où va-t-il donc? que veut-il entreprendre?
Etait-ce là le ſerment qu'il me fit,
Lorſqu'à ſa flamme il me fit condeſcendre?
Toute la nuit il faudra donc m'étendre
Sans mon amant, ſeule au milieu d'un lit:
Et cependant cette Jeanne hardie,
Non des Anglais, mais d'Agnès ennemie,
Va contre moi lui prévenir l'eſprit.
Ciel! que je haïs ces créatures fiéres,
Soldats en jupe, hommaſſes Chevaliéres, *f*)
Du ſexe mâle affectant la valeur,
Sans poſſéder les agréments du nôtre,
A tous les deux prétendant faire honneur,
Et qui ne ſont ni de l'un ni de l'autre.
Diſant ces mots elle pleure & rougit,
Frémit de rage, & de doulcur gémit.
La jalouſie en ſes yeux étincelle,
Puis tout à coup d'une ruſe nouvelle
Le tendre amour lui fournit le deſſein.
 Vers Orléans elle prend ſon chemin,
De Dame Alix & de Bonneau ſuivie.
Agnès arrive en une hotellerie,

Où

f) Il y a grande apparence que l'auteur a ici en vuë les héroïnes de l'Arioſte & du Taſſe. Elles devaient être un peu mal propres; mais les Chevaliers n'y regardaient pas de ſi près.

Où dans l'inſtant laſſe de chevaucher,
La fiére Jeanne avait été coucher.
Agnès attend qu'en ce logis tout dorme,
Et cependant ſubtilement s'informe
Où couche Jeanne, où l'on met ſon harnois:
Puis dans la nuit ſe gliſſe en tapinois,
De Jean Chandos prend la culotte, & paſſe
Ses cuiſſes entre, & l'aiguillette lace;
De l'amazone elle prend la cuiraſſe.
Le dur acier forgé pour les combats,
Preſſe & meurtrit ſes membres délicats.
L'ami Bonneau la ſoutient ſous les bras.
La belle Agnès dit alors à voix baſſe,
Amour, amour, maître de tous mes ſens,
Donne la force à cette main tremblante,
Fai moi porter cette armure peſante,
Pour mieux toucher l'auteur de mes tourments.
Mon amant veut une fille guerriére,
Tu fais d'Agnès un ſoldat pour lui plaire:
Je le ſuivrai; qu'il permette aujourdhui
Que ce ſoit moi qui combatte avec lui;
Et ſi jamais la terrible tempête
Des dards Anglais vient menacer ſa tête,
Qu'ils tombent tous ſur ces triſtes apas,
Qu'il ſoit du moins ſauvé par mon trépas,
Qu'il vive heureux, que je meure pâmée
Entre ſes bras, & que je meure aimée.
Tandis qu'ainſi cette belle parlait,
Et que Bonneau ſes armes lui mettait,
Le Roi Charlot à trois milles était.

La tendre Agnès prétend à l'heure même
Pendant la nuit aller voir ce qu'elle aime.
Ainſi vétuë & pliant ſous le poids,
N'en pouvant plus, maudiſſant ſon harnois,
Sur un cheval elle s'en va juchée,
Jambe meurtrie, & la feſſe écorchée,
Le gros Bonneau ſur un normand monté,
Va lourdement & ronfle à ſon côté.
Le tendre amour, qui craint tout pour la belle,
La voit partir & ſoupire pour elle.
Agnès à peine avait gagné chemin,
Qu'elle entendit devers un bois voiſin
Bruit de chevaux, & grands cliquetis d'armes.
Le bruit redouble, & voici des gens d'armes,
Vêtus de rouge, & pour comble de maux,
C'était les gens de Monſieur-Jean Chandos.
L'un d'eux s'avance, & demande *qui vive*?
A ce grand cri nôtre amante naïve
Songeant au Roi, répondit ſans détour,
Je ſuis Agnès, vive France, & l'amour.
A ces deux noms que le Ciel équitable
Voulut unir du nœud le plus durable,
On prend Agnès, & ſon gros confident,
Ils ſont tous deux menés incontinent
A ce Chandos, qui terrible en ſa rage
Avait juré de venger ſon outrage,
Et de punir les brigans ennemis
Qui ſa culotte & ſon fer avaient pris.
Dans ces momens où la main bienfaiſante
Du doux ſommeil laiſſe nos yeux ouverts,

Quand les oiſeaux reprennent leurs concerts,
Qu'on ſent en ſoi ſa vigueur renaiſſante,
Que les déſirs péres des voluptés
Sont par les ſens dans notre ame excités,
Dans ces moments, Chandos, on te préſente
La belle Agnès, plus belle & plus brillante
Que le ſoleil au bord de l'Orient.
Que ſentis-tu Chandos, en t'éveillant,
Lors que tu vis cette nymphe ſi belle
A tes côtés, & tes grégues ſur elle?
  Chandos preſſé d'un aiguillon bien vif,
La dévorait de ſon regard laſcif.
Agnès en tremble, & l'entend qu'il marmote
Entre ſes dents : *je r'aurai ma culotte.*
A ſon chevet d'abord il la fait ſeoir :
Quittez, dit-il, ma belle priſonnière,
Quittez ce poids d'une armure étrangère.
Ainſi parlant plein d'ardeur & d'eſpoir,
Il la décaſque, il vous la décuiraſſe :
La belle Agnès s'en deffend avec grace;
Elle rougit d'une aimable pudeur,
Penſant à Charle, & ſoumiſe au vainqueur.
Le gros Bonneau que le Chandos deſtine
Au digne emploi de chef de ſa cuiſine,
Va dans l'inſtant mériter cet honneur,
Des boudins blancs il était l'inventeur,
Et tu lui dois, ô Nation Françaiſe,
Pâtés d'anguille, & gigots à la braiſe.
  Monſieur Chandos, hélas que faites-vous?
Diſait Agnès d'un ton timide & doux.

Par-

Pardieu, dit-il, (tout Héros Anglais jure) *t*)
Quelqu'un m'a fait une sanglante injure.
Cette culotte est mienne ; & je prendrai
Ce qui fut mien où je le trouverai.
Parler ainsi, mettre Agnès toute nuë,
C'est même chose ; & la belle éperduë
Tout en pleurant était entre ses bras,
Et lui disait, Non je n'y consens pas.
Dans l'instant même un horrible fracas
Se fait entendre ; on crie, alerte, aux armes,
Et la trompette, organe du trépas,
Sonne la charge, & porte les allarmes.
A son réveil Jeanne cherchant en vain
L'affublement du harnois masculin,
Son bel armet ombragé de l'aigrette,
Et son haubert, *u*) & sa large braguette, *x*)

t) Les Anglais jurent *by god*, *damn me*, *blood* &c. les Allemans *sacrement*, les Français, par un mot qui est au jurement des Italiens ce que l'action est à l'instrument ; les Espagnols *voto à Dios*. Un reverend Père Recollet a fait un livre sur les jurements de toutes les nations, qui sera probablement très exact & très instructif. On l'imprime actuellement.

u) *Haubert*, *Aubergeon*, cotte d'armes ; elle était d'ordinaire composée de mailles de fer, quelquefois couverte de soye ou de laine blanche ; elle avait des marches larges & un gorgerin. Les fiefs de Haubert, sont ceux dont le Seigneur avait droit de porter cette cotte.

x) *Braguette*, de *Braye*, *Bracca*. On portait de longues braguettes détachées du haut de chausses, & souvent au fond de ces braguettes on portait une orange qu'on présentait aux Dames. Rabelais parle d'un beau livre, intitulé, *De la*

Sans raiſonner ſaiſit ſoudainement,
D'un Ecuyer le dur acoutrement,
Monte à cheval ſur ſon âne, & s'écrie,
Venez venger l'honneur de la patrie.
Cent Chevaliers s'empreſſent ſur ſes pas,
Ils ſont ſuivis de ſix cent vingt ſoldats.
Frére Lourdis, en ce moment de criſe,
Du beau palais où régne la ſottiſe
Eſt deſcendu chez les Anglais guerriers,
Environné d'atômes tout groſſiers,
Sur ſon gros dos portant balourderies,
Oeuvres de Moine, & belles âneries.
Ainſi bâté, ſi-tôt qu'il arriva,
Sur les Anglais ſa robe il ſecoüa,
Son ample robe, & dans leur camp verſa
Tous les tréſors de ſa craſſe ignorance,
Tréſors communs au bon pays de France.
Ainſi des nuits la noire Déité,
Du haut d'un char d'ébéne marqueté,
Répand ſur nous les pavots & les ſonges,
Et nous endort dans le ſein des menſonges.

dignité des braguettes : c'était la prérogative diſtinctive du ſexe le plus noble; c'eſt pourquoi la Sorbonne préſenta requête pour faire bruler la Pucelle, attendu qu'elle avait porté culotte avec braguette. Six Evêques de France aſſiſtés de l'Evêque de Vincheſter la condamnèrent au feu; ce qui était bien juſte; c'eſt dommage que cela n'arrive pas plus ſouvent, mais il ne faut déſeſpérer de rien.

CHANT

CHANT QUATRIEME.

Jeanne & Dunois combattent les Anglais. Ce qui leur arrive dans le château de Conculix.

SI j'étais Roi, je voudrais être juſte,
Dans le repos maintenir mes ſujets,
Et tous les jours de mon empire auguſte
Seraient marqués par de nouveaux bienfaits.
Que ſi j'étais Controlleur des finances,
Je donnerais à quelques beaux eſprits,
Par-ci, par-là, de bonnes ordonnances;
Car après tout leur travail vaut ſon prix.
Que ſi j'étais Archevêque à Paris,
Je tâcherais avec le Moliniſte
D'aprivoiſer le rude Janſéniſte;
Mais ſi j'aimais une jeune beauté,
Je ne voudrais m'éloigner d'auprès d'elle;
Et chaque jour une fête nouvelle,
Chaſſant l'ennui de l'uniformité,
Tiendrait ſon cœur en mes fers arrêté.
Heureux Amants, que l'abſence eſt cruelle!
Que de dangers on eſſuye en amour!
On riſque hélas, dès qu'on quitte ſa belle,

D'être cocu deux ou trois fois par jour.
Le preux Chandos à peine avait la joye
De s'ébaudir sur sa nouvelle proye,
Quand tout-à-coup Jeanne de rang en rang
Porte la mort & fait couler le sang.
De Débora la redoutable lance
Perce Dildo si fatal à la France,
Lui qui pilla les trésors de Clervaux,
Et viola les sœurs de Fontevraux.
D'un coup nouveau les deux yeux elle créve
A Fonkinar digne d'aller en gréve.
Cet impudent né dans les durs climats
De l'Hibernie au milieu des frimats,
Depuis trois ans faisant l'amour en France,
Comme un enfant de Rome ou de Florence.
Elle terrasse & Milord Halifax,
Et son cousin l'impertinent Borax,
Et Midarblou qui renia son pére,
Et Bartonay qui fit cocu son frére.
A son exemple on ne voit Chevalier,
Il n'est gendarme, il n'est bon écuyer,
Qui dix Anglais n'enfile de sa lance.
La mort les suit, la terreur les dévance.
On croyait voir en ce combat affreux
Un Dieu puissant qui combat avec eux.
Parmi le bruit de l'horrible tempête
Frére Lourdis criait à pleine tête;
Elle est pucelle; Anglais, frémissez tous,
C'est Saint Denis qui l'arme contre vous,
Elle est pucelle, elle a fait des miracles;

Contre

Contre son bras vous n'avez point d'obstacles.
Vite à genoux, excrémens d'Albion,
Demandez - lui sa bénédiction.
Le fier Talbot écumant de colére,
Incontinent fait empoigner le Frére :
On vous le lie, & le Moine content
Sans s'émouvoir continuait criant :
Je suis Martir; Anglais, il faut me croire,
Ellé est pucelle, elle aura la victoire.
L'homme est crédule, & dans son faible cœur
Tout est reçu; c'est une molle argile.
Mais que surtout il paraît bien facile
De nous surprendre & de nous faire peur !
Du bon Lourdis le discours extatique
Fit plus d'effet sur le cœur des soldats,
Que l'amazone & sa troupe héroïque
N'en avaient fait par l'effort de leurs bras.
Ce vieil instinct qui fait croire aux prodiges,
L'esprit d'erreur, le trouble, les vertiges,
La froide crainte & les illusions
Ont fait tourner la tête des Bretons.
De ces Bretons la nation hardie
Avait alors peu de philosophie;
Maints Chevaliers étaient des esprits lourds.
Les beaux esprits ne sont que de nos jours.
Le preux Chandos toûjours plein d'assurance,
Criait aux siens : Conquérans de la France,
Marchez à droite; il dit, & dans l'instant
On tourne à gauche, & l'on fuit en jurant.
Ainsi jadis dans ces plaines fécondes,

Que de l'Euphrate environnent les ondes,
Quand des humains l'orgueil capricieux
Voulut bâtir près des voutes des Cieux, *a*)
Dieu ne voulant d'un pareil voisinage,
En cent jargons transmua leur langage.
Sitôt qu'un deux à boire demandait,
Plâtre ou mortier d'abord on lui donnait;
Et cette gent de qui Dieu se moquait,
Se sépara, laissant là son ouvrage.
L'on sait bientôt aux remparts d'Orléans
Ce grand combat contre les assiégeans.
La renommée y vole à tire d'aile,
Et va prônant le nom de la *pucelle* :
Vous connaissez l'impétueuse ardeur
De nos Français; ces fous sont pleins d'honneur:
Ainsi qu'au bal ils vont tous aux batailles.

Déja

a) La Tour de Babel fut élevée, comme on sait, cent vingt ans après le Déluge universel. Flavian Joseph croit qu'elle fut bâtie par Nemrod, ou Nembrod : le judicieux Dom Calmet à donné le profil de cette tour élevée jusqu'à onze étages, & il a orné son Dictionnaire de tailles-douces dans ce goût d'après les monuments: le livre du savant Juif Jaleus donne à la Tour de Babel vingt-sept mille pas de hauteur, ce qui est bien vrai semblables. Plusieurs voyageurs ont vû les restes de cette Tour.

Le saint Patriarche Aléxandre Eutychius, assure dans ses Annales que soixante & douze hommes bâtirent cette tour. Ce fût comme on le sait, l'époque de la confusion des langues : le fameux Becan prouve admirablement que la langue Flamande fut celle qui retint le plus de l'Hébraïque.

Déja Dunois la gloire des bâtards,
Dunois qu'en Gréce on aurait pris pour Mars,
Et la Trimouille, & la Hire, & Saintrailles,
Et Richemont, font fortis des murailles,
Croyant déja chaffer les ennemis,
Et criant tous; Où font-ils? où font-ils?
 Ils n'étaient pas bien loin; car près des portes
Sire Talbot, homme de très grand fens,
Pour s'oppofer à l'ardeur de nos gens,
En embufcade avait mis dix cohortes.
 Sire Talbot a depuis plus d'un jour
Juré tout haut par St. George & l'amour,
Qu'il entrerait dans la ville affiégée:
Son ame était vivement partagée:
Du gros Louvet, la fuperbe moitié
Avait pour lui plus que de l'amitié,
Et ce héros qu'un noble efpoir enflamme
Veut conquérir & la ville & fa Dame.
Nos Chevaliers à peine ont fait cent pas,
Que ce Talbot leur tombe fur les bras;
Mais nos Français ne s'étonnèrent pas.
Champs d'Orléans, noble & petit théâtre
De ce combat terrible, opiniâtre,
Le fang humain dont vous futes couverts
Vous engraiffa pour plus de cent hivers.
Jamais les champs de Zama, *b*) de Pharfale, *c*)
De

b) Remarquez qu'à la bataille de Zama, entre Publius Scipion & Annibal, il y avait des Français qui fervaient dans l'armée Carthaginoife felon Poly-

De Malplaquet la Campagne fatale, *d*)
Célèbres lieux couverts de tant de morts,
N'ont

be : ce Polybe, contemporain & ami de Scipion, dit que le nombre était égal de part & d'autre ; le Chevalier de Folard n'en convient pas : il prétend que Scipion attaqua en colonnes ; cependant il paraît que la chose n'est pas possible, puisque Polybe dit que les troupes combattaient toutes de main à main, c'est sur quoi nous nous en raportons aux Doctes.

c) NB. Qu'à Pharsale, Pompée avait cinquante-cinq mille hommes, & César vingt-deux mille : le carnage fut grand : les vingt-deux mille Césariens après un combat opiniâtre vainquirent les cinquante-cinq mille Pompéiens : cette bataille décida du sort de la République Romaine, & mit sous la puissance du mignon de Nicoméde, la Grêce, l'Asie mineure, l'Italie, les Gaules, l'Espagne &c. &c.

Cette bataille eut plus de suites que le petit combat de Jeanne, mais enfin c'est *Jeanne*, c'est nôtre *Pucelle* : sachons gré à nôtre cher compatriote, d'avoir comparé les exploits de cette chère fille à ceux de César qui n'avait pas son pucelage. Les reverends Pères Jésuites n'ont-ils pas comparé Saint Ignace à César, & St. François Xavier à Aléxandre : ils leur ressemblaient comme les vingt-quatre vieillards de Pascal ressemblent aux vingt-quatre vieillards de l'Apocalypse : on compare tous les jours le premier Roi venu à César : pardonnons donc au grave chantre de nôtre héroïne, d'avoir comparé un petit choc de *Bibus* aux batailles de Zama & de Pharsale.

d) Il y eut à cette bataille vingt-huit mille sept cent hommes, couchés, non pas sur le carreau, comme le dit un Historien, mais dans la boüe & dans le sang ; ils furent comptés par le Marquis de Crévecœur, Aide de Camp du Maréchal de Villars, chargé de faire enterrer les mots. Voyez le Siècle de Louïs XIV. année 1709.

N'ont vu tenter de plus hardis efforts.
Vous euffiez vû les lances hériffées,
L'une fur l'autre en cent tronçons caffées;
Les Ecuyers, les chevaux renverfés,
Deffus leurs pieds dans l'inftant redreffés;
Le feu jaillir des coups de cimeterre,
Et du foleil redoubler la lumiére;
De tous côtés, voler, tomber à bas
Epaules, nés, mentons, pieds, jambes, bras.
Du haut des Cieux les Anges de la guerre,
Le fier Michel, & l'exterminateur,
Et des Perfans le grand flagellateur, *e*)
Avaient les yeux attachés fut la terre,
Et regardoient ce combat plein d'horreur.
Michel alors prit les vaftes balances *f*)
Où dans le Ciel on péfe les humains.
D'une main fure il pefe les Deftins,
Et les Héros d'Angleterre & de France.

Nos

e) Aparemment que nôtre profond auteur donne le nom de *Perfans* aux foldats de Sennacherib qui étaient Affyriens, parce que les Perfans furent longtems dominateurs en Affyrie; mais il eft conftant que l'Ange du Seigneur tua tout feul, cent quatre-vingt-cinq mille foldats de l'armée de Sennacherib qui avait l'infolence de marcher contre Jérufalem; & quand Sennacherib vit tous ces corps morts, il s'en retourna. Ceci arriva l'an du monde. 3293. comme on dit: cependant plufieurs Doctes prétendent que cette avanture toute fimple eft de l'an 3295: nous la croyons de 3296. comme nous le prouverons ci-deffous.

f) Cet endroit paraît imité d'Homère. Milton fait pefer les deftins des hommes dans le figne de la Balance.

Nos Chevaliers pesés exactement,
Légers de poids par malheur se trouvèrent :
Du grand Talbot les destins l'emportérent :
C'était du Ciel un secret jugement.
Le Richemont se voit incontinent
Percé d'un trait de la hanche à la fesse ;
Le vieux Saintraille au dessus du genou,
Le beau la Hire, ah je n'ose dire ou ;
Mais que je plains sa gentille maîtresse !
Dans un marais la Trimouille enfoncé
N'en put sortir qu'avec un bras cassé :
Donc à la ville il fallut qu'ils revinssent
Tout éclopés, & qu'au lit ils se tinssent.
Voilà comment ils furent bien punis ;
Car ils s'étaient moqués de Saint Denis.
Comme il lui plait Dieu fait justice ou grace :
Quesnel g) l'a dit ; nul ne peut en douter.
Or il lui plut le bâtard excepter
Des étourdit dont il punit l'audace.
Un chacun d'eux laidement ajusté
S'en retournait sur un brancard porté,
En maugréant & Jeanne & sa fortune.
Dunois n'ayant égratignure aucune,
Pousse aux Anglais plus prompt que les éclairs :
Il fend leurs rangs, se fait jour à travers,
Passe, & se trouve aux lieux où la pucelle
Fait tout tomber, où tout fuit devant elle.
Quand

g) Allusion aux sentimens répandus dans les livres de Quesnel prêtre de l'oratoire.

Quand deux torrens, l'effroi des laboureurs.
Précipités du ſommet des montagnes,
Mêlent leurs flots, aſſemblênt leurs fureurs,
Ils vont noyer l'eſpoir de nos campagnes :
Plus dangereux étaient Jeanne & Dunois,
Unis enſemble & frapants à la fois.
  Dans leur ardeur ſi bien ils s'emportèrent,
Si rudement les Anglais ils chaſſèrent,
Que de leurs gens bientôt ils s'écartèrent.
La nuit ſurvint ; Jeanne & l'autre Héros
N'entendent plus ni Français ni Chandos,
Font tous deux halte en criant *vive France.*
Au coin d'un bois où régnait le ſilence :
Au clair de Lune ils cherchent le chemin,
Ils viennent, vont, tournent, le tout en vain ;
Enfin rendus ainſi que leur monture,
Mourans de faim & laſſés de chercher,
Ils maudiſſaient la fatale avanture
D'avoir vaincu ſans ſavoir où coucher.
Tel un vaiſſeau ſans voile, ſans bouſſole,
Tournoie au gré de Neptune & d'Eole.
  Un certain chien qui paſſa tout exprès,
Pour les ſauver ſembla venir exprès ;
Ce chien approche, il jappe, il leur fait fête,
Virant ſa queue & portant haut ſa tête :
Devant eux marche, & ſe tournant cent fois,
Il paraiſſait leur dire en ſon patois ;
Venez par là, Meſſieurs, ſuivez-moi vite ;
Venez, vous dis-je, & vous aurez bon gite.
Nos deux Héros entendirent fort bien

Par

Par ces façons ce que voulait ce chien.
Ils ſuivent donc guidés par l'eſpérance ,
En priant Dieu pour le bien de la France ,
Et ſe faiſant tous deux de tems en tems
Sur leurs exploits de très beaux complimens.
Du coin laſcif d'une vive prunelle
Dunois lorgnait malgré lui la pucelle,
Mais il ſavait qu'à ſon bijou caché
De tout l'Etat le ſort eſt attaché ,
Et qu'à jamais la France eſt ruinée.
Si cette fleur ſe cueille avant l'année.
Il étouffait noblement ſes déſirs ,
Et préferait l'Etat à ſes plaiſirs.
Et cependant quand la route mal ſure
De l'âne ſaint faiſait clocher l'allure,
Dunois ardent , Dunois officieux ,
De ſon bras droit retenait ſa guerriére ,
Et Jeanne d'Arc en clignotant des yeux ,
De ſon bras gauche étendu par derrière
Serrait auſſi ce héros vertueux :
Dont il advint, tandis qu'ils chevauchèrent,
Que très ſouvent leurs bouches ſe touchèrent ,
Pour ſe parler tous les deux de plus près
De la patrie & de ſes intérêts.
Au point du jour aparut à leur vûe
Un beau Palais d'une vaſte étendue :
De marbre blanc était bâti le mur ;
Une Dorique & longue colonade
Forme un balcon formé de jaſpe pur ;
De porcelaine était la baluſtrade.

Nos

Nos Paladins enchantés, éblouïs,
Crurent entrer tout droit en Paradis.
Le chien aboye; aussi-tôt vingt trompettes
Se font entendre, & quarante estafiers
A pourpoints d'or, & brillantes braguettes,
Viennent s'offrir à nos deux Chevaliers.
Très-galamment deux jeunes écuyers
Dans le Palais par la main les conduisent,
Dans des bains d'or filles les introduisent
Honnêtement; puis lavés, essuyés,
D'un déjeuner amplement festoyés,
Dans de beaux lits brodés ils se couchèrent,
Et jusqu'au soir en Héros ils ronflèrent.
Il faut savoit que le Maître & Seigneur
De ce logis digne d'un Empereur,
Etait le fils de l'un de ces Génies
Des vastes Cieux habitans éternels,
De qui souvent les grandeurs infinies
S'humanisaient chez les faibles mortels.
Or cet esprit mêlant sa chair divine
Avec la chair d'une Bénédictine,
En avait eu le Seigneur Conculix, *b*)
Grand Négromant, & le très digne fils
De cet incube & de la mére Alix.

Le

b) Plusieurs vertueuses Dames ont été effarouchées du nom de *Conculix*; mais nous croyons, avec tous les savants de l'Europe, que c'est une fausse délicatesse, car il faudrait sur ce principe proscrire *convive*, *concurrence*, *concupiscence*, & cent autres mots de cette espèce.

Le jour qu'il eut quatorze ans accomplis,
Son géniteur descendant de sa sphère,
Lui dit, Enfant, tu me dois la lumiére;
Je viens te voir, tu peux former des vœux;
Souhaite, parle, & je te rends heureux.
Le Conculix né très voluptueux,
Et digne en tout de sa belle origine,
Dit; Je me sens de race bien divine,
Car je rassemble en moi tous les désirs;
Et je voudrais avoir tous les plaisirs.
De voluptés rassassiez mon ame;
Je veux aimer comme homme & comme femme,
Etre la nuit du sexe féminin,
Et tout le jour du sexe masculin.
L'incube dit: *Tel sera ton destin*;
Et dès ce jour la ribaude figure
Jouït des droits de sa double nature.
Ainsi Platon le confident des Dieux, *i*)
A prétendu que nos premiers ayeux
D'un pur limon pétri des mains divines,
Nés tous parfaits, & nommés androgines,
Egalement des deux sexes pourvus,
Se suffisaient par leurs propres vertus.
Le Conculix était bien au dessus;
Car se donner du plaisir à soi-même.
Ce n'est pas là le sort le plus divin,
Il est plus beau d'en donner au prochain,

Et

i) Selon Platon l'homme fut formé avec les deux sexes. Adam aparut tel à la dévote Bourignon & à son Directeur Abadie.

Et deux à deux eſt le bonheur ſuprême.
Ses courtiſans diſaient que tour à tour
C'était Vénus, c'était le tendre Amour :
De tous côtés ils lui cherchaient des filles,
Des Bacheliers ou des veuves gentilles.
Mais Conculix avait oublié net
De demander un don plus néceſſaire,
Un don ſans quoi nul plaiſir n'eſt parfait,
Un don charmant, eh quoi? celui de plaire.
Dieu pour punir cet effrené paillard,
Le fit plus laid que Samuël Bernard;
Jamais ſes yeux ne firent de conquétes;
C'eſt vainement qu'il prodiguait les fêtes,
Les longs repas, les danſes, les concerts,
Quelquefois même il compoſait des vers.
Mais quand le jour il tenait une belle,
Et quand la nuit ſa vanité femelle
Se ſoumettait à quelque audacieux,
Le Ciel alors trahiſſait tous ſes vœux;
Il recevait pour toutes embraſſades,
Méprits, dégouts, injures, rebufades.
Le juſte Ciel lui faiſait bien ſentir
Que les *grandeurs* ne ſont pas du plaiſir.
Quoi! diſait-il, la moindre chambrière
Tient ſon galant étendu ſur ſon ſein;
Un Lieutenant trouve une Conſeillère;
Dans un moûtier un moine a ſa nonnain:
Et moi Génie, & riche, & ſouverain,
Je ſuis le ſeul dans la machine ronde
Privé d'un bien dont jouït tout le monde!

Lors il jura par les quatre éléments,
Qu'il punirait les garçons & les belles
Qui n'auraient pas pour lui des sentiments,
Et qu'il ferait des exemples sanglants
Des cœurs ingrats, & surtout des cruelles.
Il recevait en Roi les survenans:
Et de Saba la Reine bazanée, *k*)
Et Talestris dans la Perse amenée,
Avaient reçu de moins riches présens
Qu'il n'en faisait aux Chevaliers errans,
Aux bacheliers, aux gentes Demoiselles.
Mais si quelqu'un d'un esprit trop rétif
Manquait pour lui d'un peu de complaisance,
S'il lui faisait la moindre résistance,
Il était sûr d'être empâlé tout vif.
Le soir venu, Conculix étant femme,
Quatre huissiers, de la part de Madame
Viennent prier Monseigneur le Bâtard
De vouloir bien descendre sur le tard
Dans l'entresol, tandis qu'en compagnie,
Jeanne soupait avec cérémonie.
Le beau Dunois tout parfumé descend,
Chez Conculix un soupé fin l'attend,
Tel que jadis la sœur de Ptolomée *l*)
De tout plaisir noblement affamée,

Sut

k) La Reine de Saba vint voir Salomon, dont elle eut un fils, qui est certainement la tige des Rois d'Ethiopie, comme cela est amplement prouvé. On ne sait pas ce que devint la race d'Alexandre & de Talestris.

l) Cléopatre.

Sut en donner à ces Romains fameux,
A ces Héros fiers & voluptueux,
Au grand César, au brave yvrogne Antoine,
Tel que moi-même en ai fait chez un moine,
Vainqueur heureux de ses pesants rivaux,
Quand on l'élut Roi tondu de Clervaux:
Ou tel encor aux voûtes éternelles,
Si l'on en croit frére Orphée & Nazon,
Et frère Homère, Hésiode, Platon,
Le Dieu des Dieux patron des infidelles,
Loin de Junon soupe avec Sémelé,
Avec Isis, Europe ou Danaé;
Les plats sont mis sur la table divine
Des belles mains de la tendre Euphrosine,
Et de Thalie & de la jeune Eglé,
Qui, comme on sait, sont là-haut les trois Graces,
Dont nos pédants suivent si peu les traces.
Le doux nectar est servi par Hebé,
Et par l'enfant du fondateur de Troye, *m*)
Qui dans Ida par un aigle enlevé,
De son Seigneur en secret fait la joye.
Ainsi soupa Madame Conculix
Avec Dunois, juste entre neuf & dix.
Madame avait prodigué la parure,
Les diamans surchargeaient sa coeffure;
Son gros cou jaune & ses deux bras quarrés,
Sont de rubis, de perles entourés,
Elle en était encor plus effroyable.

m) Ganimède.

Elle le presse au sortir de la table.
Dunois trembla pour la premiére fois.
Des Chevaliers c'était le plus courtois:
Il eût voulu de quelque politesse
Payer au moins les soins de son hôtesse:
Et du tendron contemplant la laideur,
Il se disait, J'en aurai plus d'honneur.
Il n'en eut point: le plus brillant courage
Peut quelquefois essuyer cet outrage.
La Conculix dans son affliction
Eut pour Dunois quelque compassion;
Car en secret son ame était flattée
Des grands efforts du triste champion.
Sa probité, sa bonne intention,
Fut cette fois pour le fait reputée.
Demain, dit-elle, on pourra vous offrir
Vôtre revanche. Allez, faites ensorte
Que vôtre amour sur vos respects l'emporte,
Et soyez prêt, Seigneur, à mieux servir.
Déja du jour la belle avant-courière
De l'orient entr'ouvrait la barrière.
Or vous savez que cet instant préfix
Changeait Madame en Monsieur Conculix.
Alors brulant d'une flamme nouvelle,
Il s'en va droit au lit de la pucelle,
Les rideaux tire, & lui fourant au sein
Sans compliment son impudente main,
Et lui donnant un baiser immodeste,
Attente en maitre à sa pudeur céleste.
Plus il s'agite, & plus il devient laid.
Jeanne qu'anime une chrétienne rage,

D'un

D'un bras nerveux lui détache un fouflet
A poing fermé fur fon vilain vifage.
Ainfi j'ai vû dans mes fertiles champs,
Sur un pré verd une de mes cavales,
Au poil de tigre, aux taches inégales,
Aux pieds legers, aux jarrets bondiffans,
Reprimander d'une fière ruade
Un bouriquet de fa croupe amoureux,
Qui dans fa lourde & groffière embraffade
Dreffait l'oreille, & fe croyait heureux.
Jeanne en cela fit fans doute une faute;
Elle devait des égards à fon hôte.
De la pudeur je prends les intérêts:
Cettte vertu n'eft point chez moi bannie:
Mais quand un Prince, & furtout un génie,
De vous baifer a quelque noble envie,
Il ne faut pas lui donner des fouflets.
Le fils d'Alix, quoiqu'il fût des plus laids,
N'avait point vû de femme affez hardie
Pour l'ofer battre en fon propre palais.
Il crie, on vient; fes pages, fes valets,
Gardes, lutins, à fes ordres font prêts:
L'un deux lui dit que la fiére pucelle
Envers Dunois n'était pas fi cruelle.
O calomnie? affreux poifon des Cours,
Difcours malins, faux raports, medifance,
Serpents maudits, fifflerez-vous toûjours
Chez Conculix comme à la Cour de France?
  Notre Tiran doublement outragé,
Sans nul délai voulut être vengé.
Il prononça la fentence fatale:

 Allez,

Allez, dit-il, amis, qu'on les empale.
On obéït; on fait incontinent
Tous les apprêts de ce grand châtiment.
Jeanne & Dunois, l'honneur de leur patrie,
S'en vont mourir au printemps de leur vie.
Le beau Bâtard est garroté tout nu,
Pour être assis sur un bâton pointu.
Au même instant une troupe profane
Méne au poteau la belle & fiére Jeanne;
Et ses souflets, ainsi que ses appas,
Seront punis par un affreux trépas.
De sa chemise aussi-tôt dépouillée,
De coups de fouet en passant flagellée,
Elle est livrée aux cruels empaleurs.
Le beau Dunois soumis à leurs fureurs,
N'attendant plus que son heure derniére,
Faisait à Dieu sa dévote priére;
Mais une œillade impérieuse & fiére,
De tems en tems étonnait les bourreaux,
Et ses regards disaient, c'est un Héros.
Mais quand Dunois eut vû son Héroïne,
Des fleurs de lys vengeresse divine,
Prête à subir cette effroyable mort,
Il déplora l'inconstance du sort:
De la pucelle il parcourait les charmes;
Et regardant les funestes aprêts
De ce trépas, il répandit des larmes,
Que pour lui-même il ne versa jamais.
Non moins superbe, & non moins charitable,
Jeanne aux frayeurs toûjours impénétrable,
Lan-

Languiſſamment le beau bâtard lorgnait,
Et pour lui ſeul ſon grand cœur gémiſſait.
Leur nudité, leur beauté, leur jeuneſſe
En dépit d'eux réveillait leur tendreſſe.
Ce feu ſi doux ſi diſcret & ſi beau
Ne s'échapait qu'au bord de leur tombeau:
Et cependant l'animal amphibie
A ſon dépit joignant la jalouſie,
Faiſait aux ſiens l'effroyable ſignal
Qu'on embrochât le couple déloyal.
  Dans ce moment une voix de tonnerre,
Qui fit trembler & les airs & la terre,
Crie, *arrêtez, gardez-vous d'empâler,*
N'empâlez-pas. Ces mots font reculer
Les fiers licteurs. On regarde, on aviſe
Sous le portail un grand-homme d'Egliſe,
Coëffé d'un froc, les reins ceints d'un cordon,
On reconnut le Pére Grisbourdon.
Ainſi qu'un chien dans la forêt voiſine,
Ayant ſenti d'une adroite narine
Le doux fumet, & tous ces petits corps
Sortant au loin de quelque cerf dix cors;
Il le pourſuit d'une courſe légére,
Et ſans le voir, par l'odorat mené,
Franchit foſſés, ſe gliſſe en la bruyére,
Et d'autres cerfs il n'eſt point détourné:
Ainſi le fils de Saint François d'Aſſiſe,
Porté toûjours ſur ſon lourd muletier,
De la pucelle a ſuivi le ſentier,
Courant ſans ceſſe & ne lâchant point priſe.

En arrivant il cria, Conculix,
Au nom du Diable & par les eaux du Stix,
Par le Démon qui fut ton digne pére,
Par le pfautier de fœur Alix ta mére,
Sauve le jour à l'objet de mes vœux,
Regarde-moi, je viens payer pour deux.
Si ce guerrier & fi cette pucelle
Ont mérité ton indignation,
Je tiendrai lieu de ce couple rebelle ;
Tu fçais quelle eft ma réputation.
Tu vois de plus cet animal infigne,
Ce mien mulet de me porter fi digne ;
Je t'en fais don, c'eft pour toi qu'il eft fait ;
Et tu diras, tel moine, tel mulet.
Laiffons aller ce gendarme profane :
Qu'on le délie, & qu'on nous laiffe Jeanne ;
Nous demandons tous deux pour digne prix
Cette beauté dont nos cœurs font épris.
Jeanne écoutait cet horrible langage
En frémiffant : fa foi, fon pucelage :
Ses fentiments d'amour & de grandeur
Plus que la vie étaient chers à fon cœur.
La grace encor ; du Ciel ce don fuprême,
Dans fon efprit combattait Dunois même.
Elle pleurait, elle implorait les Cieux ;
Et rougiffant d'être ainfi toute nuë,
De tems en tems fermant fes triftes yeux ;
Ne voyant point, penfait n'être point vuë.
Le bon Dunois était défefpéré ;
Quoi, difait-il, ce pendart décloitré

Aura

Aura ma Jeanne & perdra ma Patrie !
Tout va céder à ce ſorcier impie,
Tandis que moi diſcret juſqu'à ce jour,
Modeſtement je cachais mon amour.
Pour Conculix le diſcours énergique
Du Cordelier fit ſur lui grand effet,
Il accepta le marché ſéraphique ;
Ce ſoir, dit-il, vous & votre mulet,
Tenez-vous prêts. Cependant je pardonne
A ces Français, & vous les abandonne.
Le Moine gris poſſédait le bàton
Du bon Jacob, *n*) l'anneau de Salomon,
Sa clavicule, & la verge enchantée
Des conſeillers ſorciers de Pharaon,
Et le balay ſur qui parut montée
Du preux Saül la Sorciére édentée,
Quand dans Endor à ce Prince imprudent
Elle fit voir l'ame d'un revenant.
Le Cordelier en ſçavait tout autant ;
Il fit un cercle, & prit de la pouſſiére,
Que ſur la bête il jetta par derriére,
En lui diſant ces mots toûjours puiſſants,

Que

n) Les Charlatans ont le bâton de Jacob, les Magiciens, les livres de Salomon intitulé l'anneau & la clavicule. Les Conſeillers du Roi, ſorciers à la cour de Pharaon, qui firent les mêmes prodiges que Moyſe, s'appellaient Jannès & Mambrès. On ne ſait pas le nom de la Pitoniſſe d'Endor qui évoqua l'ombre de Samuël ; mais tout le monde ſait ce que c'eſt qu'une ombre, & que cette femme avait un eſprit de Piton, ou de Pithon.

Que Zoroaſtre enſeignait aux Perſans. *o*)
A ces grands mots dits en langue du Diable,
O grand pouvoir, ô merveille ineffable!
Nôtre mulet ſur deux pieds ſe dreſſa,
Sa tête oblongue en ronde ſe changea,
Ses longs crins noirs petits cheveux devinrent,
Sous ſon bonnet ſes oreilles ſe tinrent.
Ainſi jadis ce ſublime Empereur, *p*)

Dont

o) Zoroaſtre, dont le nom propre eſt *Zerduſt*, était un grand Magicien, ainſi qu'Albert le grand, Roger Bacon, & le reverend père Grisbourdon.

p) *Nebucadnetzar*, *Nabuchodonoſor*, fils de *Nabopolaſſar* Roi des Caldéens, aſſiégea Jéruſalem, la prit, & fit charger de fers Joakim Roi de Juda, qu'il envoya priſonnier à Babylone, l'an du monde 3429. Nebucadnetzar fit un ſonge, & l'oublia; les Magiciens, les Aſtrologues ni les Sages ne pûrent le deviner; en conſéquence, Arioc officier de ſa maiſon eut ordre de les faire mourir: le jeune Daniel dévine le ſonge & l'explique. Ce ſonge était une belle ſtatuë, &c. A quelque tems de là, Nebucadnetzar fit élever un coloſſe d'or pur, haut de ſoixante coudées & large de ſix; il obligeat tout ſon peuple aſſemblé d'adorer ce coloſſe au ſon du cor, du clairon, de la harpe, de la ſaquebute & du pſalterion; & ſur le refus qu'en firent *Sadrac*, *Miſac*, & *Habed-nego*, jeunes Hébreux compagnons de Daniel, le Roi les fit jetter dans une fournaiſe, qu'on chauffa cette fois là ſept fois plus qu'à l'ordinaire; & ils en ſortirent ſains & ſaufs. Nebucadnetzar ſongea encore: il vit un arbre grand & fort; le ſommet touchait les Cieux, & les oiſeaux habitaient dans ſes branches. Un Saint alors deſcendit & cria: *Coupez l'arbre & l'ébranchez*, *&c.* Daniel expliqua encore ce ſonge; il prédit au Roi qu'il ſerait chaſſé d'entre les hommes, que pendant ſept ans ſon habitation ſe-

Dont Dieu punit le cœur dur & ſuperbe,
Devenu bœuf & ſept ans nourri d'herbe,
Redevint homme, & n'en fut pas meilleur.
Du ceintre bleu de la céleſte ſphère
Denis voyait avec des yeux de père
De Jeanne d'Arc le déplorable cas,
Il eût voulu s'élancer ici bas,
Mais il était lui-même en embarras.
Denis s'était attiré ſur les bras
Par ſon voyage une fâcheuſe affaire.
Saint George était le Patron d'Angleterre; q)
Il

rait avec les bêtes, qu'il paîtrait l'herbe comme les bœufs, juſqu'à ce que ſon poil crût comme celui de l'aigle & ſes ongles comme ceux des oiſeaux: ce qui arriva. Tertullien & S. Auguſtin diſent que *Nabuchodonoſor* s'imagina être bœuf, par l'effet d'une maladie qu'on nomme *Lycantrophie.* Au bout de ſept ans ce Prince recouvra ſa raiſon, & remonta ſur le trône: il ne vécut qu'un an depuis ſon retabliſſement; mais il l'employa ſi bien que St. Auguſtin, St. Jérôme, St. Epiphane, Théodoret &c. cités par Perérius, comptent ſur ſon ſalut.

q) Il ne faut pas confondre George Patron de l'Angleterre & de l'Ordre de la Jarretiére, avec St. George le moine, tué pour avoir ſoulevé le peuple contre l'Empereur Zenon. Notre St. George eſt le Cappadocien colonel au ſervice de Dioclétien, martiriſé, dit-on, en Perſe dans une ville nommée Dioſpole. Mais comme les Perſans n'avaient point de ville de ce nom, on a placé depuis ſon martire en Arménie à Mitiléne. Il n'y a pas plus de Mitiléne en Arménie que de Dioſpole en Perſe. Mais ce qui eſt conſtant, c'eſt que George était colonel de cavalerie, puiſqu'il a encore ſon cheval en Paradis.

Il ſe plaignait que Monſieur Saint Denis,
Sans aucun ordre & ſans aucun avis,
A ſes Bretons eût fait ainſi la guerre.
George & Denis de propos en propos,
Piqués au vif en vinrent aux gros mots.
Les Saints Anglais ont dans leur caractère
Je ne ſçai quoi de dur & d'inſulaire.
Mais il eſt tems, lecteur, de m'arrêter;
Il faut fournir une longue carrière:
J'ai peu d'haleine, & je dois vous conter
L'événement de cette grande affaire,
Dire comment ſe nœud ſe débrouilla,
Ce que fit Jeanne, & ce qui ſe paſſa
Dans les Enfers, au Ciel, & ſur la Terre.

CHANT CINQUIEME.

Le Cordelier Grisbourdon, qui avait voulu violer Jeanne, eſt en Enfer. Il raconte ſon avanture aux Diables.

O Mes amis, vivons en bon Chrêtiens,
C'eſt le parti, croyez-moi, qu'il faut prendre.
A ſon devoir il faut enfin ſe rendre.
Dans mon printems j'ai hanté des vauriens ;
A leurs déſirs ils ſe livraient en proye,
Souvent au bal, jamais dans le ſaint lieu,
Soupant, couchant chez des filles de joye,
Et ſe moquant des ſerviteurs de Dieu.
Qu'arrive-t-il ? La mort, la mort fatale,
Au nez camard, à la tranchante faulx,
Vient viſiter nos diſeurs de bons mots ;
La fiévre ardente, à la marche inégale,
Fille du Stix, huiſſiére d'Atropos,
Porte le trouble en leurs petits cerveaux ;
A leur chevet une garde, un notaire,
Viennent leur dire : Allons, il faut partir ;
Où voulez-vous, Monſieur, qu'on vous enterre ?
Lors un tardif & faible repentir

Sort

Sort à regret de leur mourante bouche.
L'un à ſon aide appelle Saint Martin,
L'autre Saint Roch, l'autre Sainte Mitouche. *a*)
On pſalmodie, on braille du Latin,
On les aſperge, hélas, le tout en vain.
Aux pieds du lit ſe tapit le malin,
Ouvrant la griffe, & lorſque l'ame échape
Du corps chétif, au paſſage il la hape,
Puis vous la porte au fin fond des Enfers,
Digne ſéjour de ces eſprits pervers.
Mon cher Lecteur, il eſt tems de te dire,
Qu'un jour Satan, Seigneur du ſombre Empire, *b*)
A ſes vaſſaux donnait un grand régal.
Il était féte au manoir infernal:
On avait fait une énorme recrue,
Et les démons buvaient la bien-venue
D'un certain Pape & d'un gros Cardinal,
D'un Roi du Nord, de quatorze chanoines,
Trois Intendants, deux Conſeillers, vingt moines,
Tous frais venus du ſéjour des mortels,

Et

a) On diſait autrefois *Sainte n'y touche*, & on diſait bien. On voit aiſément que c'eſt une femme qui a l'air de n'y pas toucher; c'eſt par corruption qu'on dit *Ste. Mitouche*. La langue dégénère tous les jours. J'aurais ſouhaité que l'auteur eût eu le courage de dire *Ste. n'y touche*, comme nos Pères.

b) *Satan* eſt un mot Caldéen, qui ſignifie à peu près l'Arimane des Perſes, le Tiphon des Egyptiens, le Pluton des Grecs, & parmi nous le Diable. Ce n'eſt que chez nous qu'on le peint avec des cornes. Voyez le T. VII. *De forma Diaboli* du Reverend Pére Tambourini.

Et dévolus aux brasiers éternels.
Le Roi cornu de la huaille noire
Se déridait entouré de ses Pairs.
On s'enyvrait du nectar des Enfers ;
On fredonnait quelques chansons à boire,
Lorsqu'à la porte il s'éléve un grand cri :
Ah, bon jour donc, vous voilà, vous voici,
C'est lui, Messieurs, c'est le grand émissaire,
C'est Grisbourdon notre féal ami ;
Entrez, entrez, & chauffez vous ici ;
Et bras dessus & bras dessous, beau pére,
Beau Grisbourdon, Docteur de Lucifer,
Fils de Satan, Apôtre de l'Enfer.
On vous l'embrasse, on le baise, on le serre ;
On vous le porte en moins d'un tour de main,
Toûjours baisé, vers le lieu du festin.
Satan se léve, & lui dit : fils du Diable,
O des fraparts ornement véritable, *c*)
Certes si-tôt je n'espérais te voir ;
Chez les humains tu m'étais nécessaire.
Qui mieux que toi peuplait notre manoir ?
Par toi la France était mon séminaire ;
En te voyant je perds tout mon espoir.
Mais du destin la volonté soit faite,
Bois avec nous, & pren place à ma droite.

Le

c) *Frapart*, nom d'amitié que les Cordeliers se donnèrent entre eux dès le quinzieme siécle. Les doctes sont partagés sur l'étimologie de ce mot ; il signifie certainement, frappeur robuste, roide joûteur.

Le cordelier plein d'une ſainte horreur,
Baiſe à genoux l'ergot de ſon Seigneur ;
Puis d'un air morne il jette au loin la vüe
Sur cette vaſte & brulante étendue,
Séjour de feu qu'habitent pour jamais
L'affreuſe mort, les tourments, les forfaits;
Trône éternel où ſied l'eſprit immonde,
Abîme immenſe où s'engloutit le monde;
Sépulchre où gît la docte antiquité,
Eſprit, amour, ſavoir, grace, beauté,
Et cette foule immortelle, innombrable,
D'enfans du Ciel créés tous pour le Diable.
Tu ſais, lecteur, qu'en ces feux dévorans
Les meilleurs Rois ſont avec les tyrans.
Nous y plaçons Antonin, Marc-Auréle,
Ce bon Trajan des Princes le modéle,
Ce doux Titus l'amour de l'Univers,
Les deux Catons ces fléaux des pervers,
Ce Scipion maître de ſon courage,
Lui qui vainquit & l'amour & Carthage;
Vous y grillez, ſage & docte Platon,
Divin Homère, éloquent Ciceron,
Et vous Socrate, enfant de la ſageſſe,
Martir de Dieu dans la profane Gréce;
Juſte Ariſtide, & vertueux Solon,
Tous malheureux morts ſans confeſſion.
Mais ce qui plus étonna Grisbourdon,
Ce fut de voir en la chaudiére grande
Certains quidams Saints ou Rois, dont le nom
Orne l'hiſtoire & pare la Légende :

Un des premiers était le Roi Clovis *d*).
Je vois d'abord mon lecteur qui s'étonne,
Qu'un si grand Roi, qui tout son peuple a mis
Dans le chemin du benoit Paradis,
N'ait pû jouïr du salut qu'il nous donne.
Ah! qui croirait qu'un premier Roi Chrêtien
Fût en effet damné comme un Payen?
Mais mon lecteur se souviendra très-bien,
Qu'être lavé de cette eau salutaire
Ne suffit pas, quand le cœur est gâté.
Or ce Clovis dans le crime empâté
Portait un cœur inhumain, sanguinaire;
Et Saint Remi ne put laver jamais
Ce Roi des Francs cangrené de forfaits.
  Parmi ces grands, ces Souverains du Monde,
Ensevelis dans cette nuit profonde,
On discernait le fameux Constantin.
Est-il bien vrai? criait avec surprise
Le moine gris; ô rigueur! ô destin!
Quoi, ce Héros fondateur de l'Eglise,
Qui de la terre a chassé les faux Dieux,
Est descendu dans l'Enfer avec eux?
Lors Constantin dit ces tristes paroles: *e*)

e) Constantin arracha la vie à son beaupére, à son beaufrére, à son neveu, à sa femme, à son fils; & fut le plus ambitieux, le plus vain, & le plus voluptueux de tous les hommes; d'ailleurs bon Catholique.

d) On ne peut regarder cette damnation de Clovis & de tant d'autres, que comme une fiction poëtique; cependant on peut, moralement parlant, dire que Clovis a peut être été puni pour avoir fait assassi-

J'ai renverfé le culte des idoles,
Sur les débris de leurs Temples fumants
Au Dieu du Ciel j'ai prodigué l'encens,
Mais tous mes foins pour fa grandeur fuprême,
N'eurent jamais d'autre objet que moi-même;
Les faints autels n'étaient à mes regards
Qu'un marchepié du Trône des Céfars.
L'ambition, les fureurs, les délices
Etaient mes Dieux, avaient mes facrifices.
L'or des Chrêtiens, leurs intrigues, leur fang
Ont cimenté ma fortune, & mon rang.
Pour conferver cette grandeur fi chère,
J'ai maffacré mon malheureux beau-père.
Dans les plaifirs, & dans le fang plongé,
Faible & barbare en ma fureur jaloufe,
Yvre d'amour, & de foupçons rongé,
Je fis périr mon fils, & mon époufe.
O Grisbourdon ne fois plus étonné,
Si comme toi Conftantin eft damné.

Le Révérend de plus en plus admire
Tous les fecrets du ténébreux Empire.
Il voit par-tout de grands Prédicateurs,
Riches Prélats, Cafuiftes, Docteurs,
Moines d'Efpagne, & Nonains d'Italie;
De tous les Rois il voit les Confeffeurs;
De nos beautés il voit les Directeurs;
Le Paradis ils ont eu dans leur vie.
Il apperçut dans le fond d'un dortoir

Cer-

ner plufieurs Régas fes parents; ce qui n'eft pas trop Chrêtien.

Certain frocard moitié blanc, moitié noir,
Portant criniére en écuelle arrondie.
Au fier aſpect de cet animal pie,
Le Cordelier riant d'un ris malin, *f*)
Se dit tout bas, Cet homme eſt Jacobin.
Quel eſt ton nom? lui cria-t-il ſoudain.
L'ombre répond d'un ton mélancolique,
Hélas, mon fils, je ſuis Saint Dominique. *g*)
A ce diſcours, à cet auguſte nom,
Vous euſſiez vu reculer Griſbourdon;
Il ſe ſignait, il ne pouvait le croire.
Comment, dit-il, dans la caverne noire
Un ſi grand Saint, un Apôtre, un Docteur!
Vous de la foi le ſacré promoteur,
Homme de Dieu, prêcheur évangelique,
Vous dans l'Enfer ainſi qu'un hérétique!
Certes ici la grace eſt en défaut.
Pauvres humains qu'on eſt trompé là-haut!
Et puis allez dans vos cérémonies,
De tous les Saints chanter les litanies.

f) Les Cordeliers ont été de tout temps ennemis des Dominicains.

g) Il ſemble que l'auteur n'ait voulu faire ici qu'une plaiſanterie. Cependant ce Guſman inventeur de l'Inquiſition, & que nous appellons Dominique, fut réellement un perſécuteur. Il eſt certain que les *Languedochiens* nommés Albigeois étaient des peuples fidéles à leur Souverain, & qu'on leur fit la guerre la plus barbare, uniquement à cauſe de leurs dogmes. Il n'y a rien de plus abominable que de faire périr par le fer & par le feu un Prince & ſes ſujets, ſous prétexte qu'ils ne penſent pas comme nous.

Lors repartit avec un ton dolent
Nôtre Efpagnol au manteau noir & blanc :
Ne fongeons plus aux vains difcours des hommes;
De leurs erreurs qu'importe le fracas ?
Infortunés, tourmentés où nous fommes,
Loués, fêtés où nous ne fommes pas :
Tel fur la terre a plus d'une chapelle,
Qui dans l'Enfer eft cuit bien triftement;
Et tel au monde on damne impunément,
Qui dans les Cieux a la vie éternelle.
Pour moi je fuis dans la noire fequelle,
Très juftement pour avoir autrefois
Perfécuté ces pauvres Albigeois.
Je n'étais pas envoyé pour détruire,
Et je fuis cuit pour les avoir fait cuire.
Oh, quand j'aurais une langue de fer
Toûjours parlant, je ne pourrais fuffire,
Mon cher lecteur, à te nombrer & dire,
Combien de Saints on rencontre en Enfer.
Quand des damnés la cohorte rotie
Eut affez fait au fils du Saint François
Tous les honneurs de leur trifte patrie,
Chacun cria d'une commune voix,
Cher Grisbourdon, conte-nous, conte, conte,
Qui t'a conduit vers une fin fi prompte;
Conte-nous donc par quel étonnant cas
Ton ame dure eft tombée ici-bas.
Meffieurs, dit-il, je ne m'en défends pas,
Je vous dirai mon étrange avanture,
Elle pourra vous étonner d'abord :

Mais

Mais il ne faut me taxer d'impoſture,
On ne ment plus ſi-tôt que l'on eſt mort.
J'étais là-haut, comme on ſait, vôtre Apôtre,
Et pour l'honneur du froc & pour le vôtre;
Je concluais l'exploit le plus galant
Que jamais moine ait fait hors du couvent.
Mon muletier, ah l'animal inſigne!
Ah le grand homme, ah quel rival condigne! *b*)
Mon muletier ferme dans ſon devoir,
De Conculix avait paſſé l'eſpoir.
J'avais auſſi pour ce monſtre femelle
Sans vanité prodigué tout mon zèle,
Le Conculix ravi d'un tel effort,
Nous laiſſait Jeanne en vertu de l'accord.
Jeanne la forte, & Jeanne la rebelle,
Perdait bientôt ce grand nom de pucelle,
Entre mes bras elle ſe débattait;
Le muletier par deſſous la tenait,
Et Conculix de grand cœur ricanait.
Mais croirez-vous ce que je vai vous dire?
L'air s'entr'ouvrit, & du haut de l'empire
Qu'on nomme Ciel, lieux où ni vous ni moi
N'irons jamais, & vous ſavez pourquoi;
Je vis deſcendre, ô fatale merveille!
Cet animal qui porte longue oreille,
Et qui jadis à Balaam parla,
Quand Balaam ſur la montagne alla.

 Quel

b) *Condigne*, du Latin *condignus*; ce mot ſe trouve dans les Auteurs du XVI. ſiécle.

Quel terrible âne ! il portait une selle
D'un beau velours, & sur l'arçon d'icelle
Etait un sabre à deux larges tranchants :
De chaque épaule il lui sortait une aile,
Dont il volait, & dévançait les vents.
A haute voix alors s'écria Jeanne,
Dieu soit loué, voici venir mon âne.
A ce discours je fus transi d'effroi :
L'âne à l'instant ses quatre genoux plie,
Léve sa queue & sa tête polie,
Comme disant à Dunois, monte-moi.
Dunois le monte, & l'animal s'envole
Sur notre tête, & passe, & caracolle.
Dunois planant le cimeterre en main,
Sur moi chétif fondit d'un vol soudain.
Mon cher Satan, mon Seigneur Souverain,
Ainsi, dit-on. lorsque tu fis la guerre
Imprudemment au Maître du tonnerre, *i*)
Tu vis sur toi s'élancer Saint Michel,
Vengeur fatal des injures du Ciel.
Réduit alors à défendre ma vie,
J'eus mon recours à la sorcellerie.
Je dépouillai d'un nerveux Cordelier
Le sourcil noir & le visage altier.

Je

i) Cette guerre n'est raportée que dans le livre apocryphe sous le nom d'*Enoch* ; il n'en est parlé ailleurs dans aucun livre Juif. Le chef de l'armée céleste était en effet Michel, comme le dit nôtre auteur ; mais le capitaine des mauvais Anges n'était point Satan, c'était Semexiah : on peut excuser cette inadvertence dans un long poëme.

Je pris la mine & la forme charmante
D'une beauté douce, fraiche, innocente;
De blonds cheveux se jouaient sur mon sein.
De gaze fine une étoffe brillante
Fit entrevoir une gorge naissante.
J'avais tout l'art du sexe feminin.
Je composais mes yeux & mon visage;
On y voyait cette naïveté
Qui toûjours trompe & qui toûjours engage.
Sous ce vernis un air de volupté
Eût des humains rendu fou le plus sage.
J'eusse amolli le cœur le plus sauvage;
Car j'avais tout, artifice & beauté.
Mon paladin en parut enchanté.
J'allais périr, ce héros invincible
Avait levé son braquemart *k*) terrible;
Son bras était à demi descendu,
Et Grisbourdon se croyait pourfendu.
  Dunois regarde, il s'émeut, il s'arrête.
Qui de Méduse eût vu jadis la tête,
Etait en roc mué soudainement:
Le beau Dunois changea bien autrement.
Il avait l'ame avec les yeux frappée;
Je vis tomber sa redoutable épée.
Je vis Dunois sentir à mon aspect
Beaucoup d'amour & beaucoup de respect.
Qui n'aurait cru que j'eusse eu la victoire?
Mais voici bien le pis de mon histoire.

k) Ancien mot qui signifie cimeterre.

Le muletier qui preſſait dans ſes bras
De Jeanne d'Arc les robuſtes apas,
En me voyant ſi gentille & ſi belle,
Brula ſoudain d'une flamme nouvelle.
Hélas mon cœur ne le ſoupçonnait pas,
De convoiter des charmes délicats,
Un cœur groſſier connaître l'inconſtance !
Il lâche priſe, & j'eus la préférence.
Il quitte Jeanne, ah funeſte beauté !
A peine Jeanne eſt-elle en liberté,
Qu'elle aperçut le brillant cimeterre
Qu'avait Dunois laiſſé tomber par terre.
Du fer tranchant ſa dextre ſe ſaiſit,
Et dans l'inſtant que le ruſtre infidelle
Quittait pour moi la ſuperbe pucelle,
Par le chignon Jeanne d'Arc m'abattit,
Et d'un revers la nuque me fendit.
Depuis ce tems je n'ai nulle nouvelle,
Du muletier, de Jeanne la cruelle,
De Conculix, de l'âne, de Dunois.
Puiſſent-ils tous être empâlés cent fois !
Et que le Ciel qui confond les coupables,
Pour mon plaiſir les donne à tous les Diables !
Ainſi parlait le moine avec aigreur,
Et tout l'Enfer en rit d'aſſez bon cœur.

CHANT

CHANT SIXIEME.

Avanture d'Agnès & de Monrose. Temple de la Renommée. Avanture de Dorothée.

QUittons l'enfer, quittons ce gouffre immonde,
Où Grisbourdon brule avec Lucifer :
Dressons mon vol aux campagnes de l'air,
Et revoyons ce qui se passe au Monde.
Ce Monde hélas est bien un autre enfer.
Je vois partout l'innocence proscrite,
L'homme de bien flétri par l'hypocrite ;
L'esprit, le goût, les beaux arts éperdus,
Sont envolés ainsi que les vertus.
Une rempante & lâche politique
Tient lieu de tout, est le mérite unique.
Le zèle affreux des dangereux dévots
Contre le sage arme la main des sots.
Et l'intérêt, ce vil Roi de la terre,
Pour qui l'on fait & la paix & la guerre,
Triste & pensif auprès d'un coffre fort,
Vend le plus faible aux crimes du plus fort.
Chetifs mortels insensés & coupables,
De tant d'horreur à quoi bon vous noircir ?

Ah

Ah malheureux qui péchez ſans plaiſir,
Dans vos erreurs ſoyez plus raiſonnables;
Soyez au moins des pécheurs fortunés;
Et puiſqu'il faut que vous ſoyez damnés,
Damnez vous donc pour des fautes aimables.
Agnès Sorel fut en uſer ainſi.
On ne lui peut reprocher dans ſa vie
Que les douceurs d'une tendre folie.
Je lui pardonne, & je penſe qu'auſſi
Dieu tout clément aura pris pitié d'elle:
En Paradis tout Saint n'eſt pas pucelle.
Quand Jeanne d'Arc défendait ſon honneur,
Et que du fil de ſa céleſte épée
De Grisbourdon la tête fut coupée,
Nôtre âne ailé qui deſſus ſon harnois
Portait en l'air le Chevalier Dunois,
Conçut alors le caprice profâne
De l'éloigner & de l'ôter à Jeanne.
Quelle raiſon en avait-il? l'amour,
Le tendre amour, & la naiſſante envie,
Dont en ſecret ſon ame était ſaiſie.
L'ami lecteur apprendra quelque jour
Quel trait de flamme & qu'elle idée hardie
Preſſait déja ce Héros d'Arcadie.
L'animal ſaint eut donc la fantaiſie
De s'envoler devers la Lombardie;
Le bon Denis en ſecret conſeilla
Cette eſcapade à ſa monture ailée;
Vous demandez, Lecteur, pourquoi cela?
C'eſt que Denis lut dans l'ame troublée

De

De ſon bel âne & de ſon beau bâtard.
Tous deux brulaient d'un feu qui tôt ou tard
Aurait pû nuire à la cauſe commune
Perdre la France, & Jeanne & ſa fortune.
Denis penſa que l'abſence & le temps
Les guériraient de leurs amours naiſſants.
Denis encor avait en cette affaire
Un autre but, une bonne œuvre à faire.
Craignez, lecteur, de blâmer ſes deſſeins,
Et reſpectez tout ce que font les Saints.
L'âne céleſte où Denis met ſa gloire,
S'envola donc loin des rives de Loire,
Droit vers le Rhône, & Dunois ſtupéfait
A tire d'aîle eſt parti comme un trait.
Il regardait de loin ſon Héroine,
Qui toute nuë, & le fer à la main,
Le cœur ému d'une fureur divine,
Rouge de ſang ſe frayait un chemin.
Le Conculix veut l'arrêter en vain;
Ses farfadets, ſon peuple aërien,
En cent façons volent ſur ſon paſſage.
Jeanne s'en mocque & paſſe avec courage.
Lors qu'en un bois quelque jeune imprudent
Voit une ruche, & s'aprochant admire
L'art étonnant de ce palais de cire;
De toutes parts un eſſain bourdonnant
Sur mon badeau s'en vient fondre avec rage,
Un peuple ailé lui couvre le viſage:
L'homme piqué court à tort, à travers,
De ſes deux mains il frape, il ſe déméne,
Diſſipe,

Diſſipe, tuë, écraſe par centaine
Cette canaille habitante des airs.
C'était ainſi que la pucelle fiére
Chaſſait au loin cette foule legére.
A ſes genoux le chetif muletier
Craignant pour ſoi le ſort du Cordelier,
Tremble & s'écrie, *O pucelle, ô ma mie!*
Dans l'écurie autrefois tant ſervie!
Quelle furie! épargne au moins ma vie,
Que les honneurs ne changent point tes mœurs.
Tu vois mes pleurs, ah Jeanne! je me meurs.
Jeanne répond, faquin, je te fais grace,
Dans ton vil ſang de fange tout chargé
Ce fer divin ne ſera point plongé.
Végète encor, & que ta lourde maſſe
Ait à l'inſtant l'honneur de me porter:
Je ne te puis en mulet tranſlater,
Mais ne m'importe ici de ta figure,
Homme ou mulet tu ſeras ma monture.
Dunois m'a pris l'âne qui fut pour moi,
Et je prétends le retrouver en toi;
Ça qu'on ſe courbe; elle dit, & la bête
Baiſſe à l'inſtant ſa chauve & lourde tête,
Marche des mains, & Jeanne ſur ſon dos
Va dans les champs affronter les Héros.
Pour Conculix il jura par ſon pére,
De tourmenter toûjours les bons Français;
Son cœur navré pencha vers les Anglais;
Il ſe promit dans ſa juſte colére,
De bien punir tout Français indiſcret,

Qui

Qui pour son dam passerait sur sa terre.
Il fait bâtir au plus vîte un château
D'un goût bizarre & tout-à-fait nouveau,
Un labyrinthe, un piége où sa vengeance
Veut atraper les héros de la France.
Mais que devint la belle Agnès Sorel?
Vous souvient-il de son trouble cruel?
Comme elle fut interdite, éperduë,
Quand Jean Chandos l'embrassait toute nuë?
Ce Jean Chandos s'élança de ses bras,
Très brusquement & courut aux combats.
La belle Agnès crut sortir d'embarras.
De son danger encore toute surprise,
Elle jurait de n'être jamais prise
A l'avenir en un semblable cas.
Au bon Roi Charle elle jurait tout bas
D'aimer toûjours ce Roi qui n'aime qu'elle,
De respecter ce tendre & doux lien,
Et de mourir plutôt qu'être infidelle.
Mais il ne faut jamais jurer de rien.
Dans ce fracas, dans ce trouble effroyable,
D'un camp surpris tumulte inséparable,
Quand chacun court, officier & soldat,
Que l'un s'enfuit, & que l'autre combat,
Que les valets, fripons suivans l'armée,
Pillent le camp de peur des ennemis:
Parmi les cris, la poudre & la fumée,
La belle Agnès se voyant sans habits,
Du grand Chandos entre en la garderobe;
Puis avisant chemise, mules, robe,

Saisit

Saisit le tout en tremblant & sans bruit,
Même elle prend jusqu'au bonnet de nuit.
Tout vint à point: car de bonne fortune
Elle aperçut une jument bai brune,
Bride à la bouche & selle sur le dos,
Que l'on devait amener à Chandos.
Un Ecuyer, vieil yvrogne intrépide,
Tout en dormant la tenait par la bride.
L'adroite Agnès s'en va subtilement
Oter la bride à l'écuyer dormant;
Puis se servant de certaine escabelle,
Y pose un pied, monte, se met en selle,
Pique, & s'en va, croyant gagner les bois,
Pleine de crainte & de joye à la fois.
L'ami Bonneau court à pied dans la plaine,
En maudissant sa pesante bedaine,
Ce beau voyage, & la guerre, & la Cour,
Et les Anglais, & Sorel, & l'amour,
 Or, de Chandos le très-fidéle page,
(Monrose était le nom du *a*) personnage)
Qui revenait ce matin d'un message,
Voyant de loin tout ce qui se passait,
Cette jument qui vers les bois courait,
Et de Chandos la robe & le bonnet.
Dévinant mal ce que ce pouvait être,
Crut fermement que c'était son cher maître,
Qui loin du camp demi nud s'enfuiait.
Epouvanté de l'étrange avanture,

D'un

a) C'est le même Page sur le derriére duquel Jeanne avoit crayonné trois fleurs de lys.

D'un coup de fouët il hâte ſa monture,
Galope & crie, Ah mon Maître, ah Seigneur!
Vous pourſuit-on? Charlot eſt-il vainqueur?
Où courez-vous? Je vai partout vous ſuivre:
Si vous mourez, je ceſſerai de vivre;
Il dit, & vole, & le vent emportait
Lui, ſon cheval & tout ce qu'il diſait.
La belle Agnès qui ſe croit pourſuivie,
Court dans le bois au péril de ſa vie;
Le page y vole, & plus elle s'enfuit,
Plus nótre Anglais avec ardeur la ſuit.
La jument bronche & la belle éperdue,
Jettant un cri dont retentit la nue,
Tombe à côté, ſur la terre étendue.
Le Page arrive auſſi prompt que les vents,
Mais il perdit l'uſage de ſes ſens,
Quand cette robe ouverte & voltigeante
Lui découvrit une beauté touchante,
Un ſein d'albâtre & les charmans tréſors
Dont la nature enrichiſſait ſon corps.
Bel Adonis *b*), telle fut ta ſurpriſe,
Quand la maîtreſſe & de Mars & d'Anchiſe,
Du haut des Cieux, le ſoir au coin d'un bois,
S'offrit à toi pour la premiére fois.
Vénus ſans doute avait plus de parure;
Une jument n'avait point renverſé

Son

b) *Adonis*, ou *Adoni*, fils de Ciniras & de Mirra, Dieu des Phéniciens, amant de Vénus Aſtarté. Les Phéniciens pleuraient tous les ans ſa mort, enſuite ils ſe réjouïſſaient de ſa réſurrection.

Son corps divin de fatigue haraſſé ;
Bonnet de nuit n'était point ſa coëffure.
Son cu d'yvoire était ſans meurtriſſure.
Mais Adonis à ces attraits tout nuds,
Balancerait entre Agnès & Vénus.
Le jeune Anglais ſe ſentit l'ame atteinte
D'un feu mêlé de reſpect & de crainte ;
Il prend Agnès, & l'embraſſe en tremblant ;
Hélas, dit-il, ſeriez-vous point bleſſée ?
Agnès ſur lui tourne un œil languiſſant,
Et d'une voix timide, embarraſſée,
En ſoupirant elle lui parle ainſi ;
Qui que tu ſois qui me pourſuis ici,
Si tu n'as point un cœur né pour le crime,
N'abuſe point du malheur qui m'oprime,
Jeune étranger, conſerve mon honneur,
Sois mon apui, ſois mon libérateur,
Elle ne put en dire davantage :
Elle pleura, détourna ſon viſage,
Triſte, confuſe, & tout bas promettant
D'être fidéle au bon Roi ſon amant.
Monroſe ému, fut un tems en ſilence ;
Puis il lui dit d'un ton tendre & touchant,
O de ce monde adorable ornement,
Que ſur les cœurs vous avez de puiſſance !
Je ſuis à vous : comptez ſur mon ſecours ;
Vous diſpoſez de mon cœur, de mes jours,
De tout mon ſang ; ayez tant d'indulgence
Que d'accepter que j'oſe vous ſervir :
Je n'en veux point une autre récompenſe :
C'eſt

C'eſt être heureux que de vous ſecourir,
Il tire alors un flacon d'eau des Carmes ;
Sa main timide en arroſe ſes charmes,
Et les endroits de roſes & de lys,
Qu'avaient la ſelle & la chûte meurtris.
La belle Agnès rougiſſait ſans colére,
Ne trouvait point ſa main trop téméraire,
Et le lorgnait ſans bien ſavoir pourquoi,
Jurant toûjours d'être fidéle au Roi.
Le Page ayant employé ſa bouteille ;
Rare beauté, dit-il, je vous conſeille
De cheminer juſqu'en un bourg voiſin :
Nous marcherons par ce petit chemin.
Dedans ce bourg nul ſoldat ne demeure :
Nous y ſerons avant qu'il ſoit une heure.
J'ai de l'argent, & l'on vous trouvera
Et coeffe & jupe, & tout ce qu'il faudra
Pour habiller avec plus de décence
Une beauté digne d'un Roi de France.
  La Dame errante approuva ſon avis ;
Monroſe était ſi tendre & ſi ſoumis,
Etait ſi beau, ſavait à tel point vivre,
Qu'on ne pouvait s'empêcher de le ſuivre.
  Quelque Cenſeur, interrompant le fil
De mon diſcours, dira, Mais ſe peut-il
Qu'un étourdi, qu'un jeune Anglais, qu'un page
Fût près d'Agnès reſpectueux & ſage ?
Qu'il ne prit point la moindre liberté ?
Ah laiſſez là vos cenſures rigides ;
Ce page aimait, & ſi la volupté

 Nous

Nous rend hardis, l'amour nous rend timides.
  Agnès & lui marchaient donc vers ce bourg,
S'entretenant de beaux propos d'amour,
D'exploits de guerre & de chevalerie,
De vieux romans pleins de galanterie.
Nôtre Ecuyer de cent pas en cent pas
S'aprochait d'elle, & baisait ses beaux bras;
Le tout d'un air respectueux & tendre;
La belle Agnès ne savait s'en défendre;
Mais rien de plus: ce jeune homme de bien
Voulait beaucoup, & ne demandait rien.
Dedans le bourg ils sont entrés à peine,
Dans un logis son Ecuyer la mêne
Bien fatiguée; Agnès entre deux draps
Modestement repose ses apas;
Monrose court, & va tout hors d'haleine
Chercher partout pour dignement servir,
Alimenter, chauffer, coëffer, vétir
Cette beauté déja sa Souveraine.
Charmant enfant dont l'amour & l'honneur
Ont pris plaisir à diriger le cœur,
Où sont les gens dont la sagesse égale
Les procédés de ton ame loyale?
  Dans ce logis (je ne puis le nier,)
De Jean Chandos logeait un Aumonier.
Tout Aumonier est plus hardi qu'un page.
Le scélerat informé du voyage
Du beau Monrose & de la belle Agnès,
Et trop instruit que dans son voisinage
A quatre pas reposaient tant d'attraits;

Pressé

Preſſé ſoudain de ſon déſir infame,
Les yeux ardens, le ſang rempli de flamme,
Le corps en rut, de luxure enyvré,
Entre en jurant comme un déſeſpéré,
Ferme la porte, & les deux rideaux tire.
Mais, cher lecteur, il convient de te dire
Ce que faiſait en ce même moment
Le grand Dunois ſur ſon âne volant.
Au haut des airs où les Alpes chenuës
Portent leur tête & diviſent les nuës,
Vers ce rocher fendu par Annibal, *c*)
Fameux paſſage aux Romains ſi fatal,
Qui voit le Ciel s'arroudir ſur ſa tête,
Et ſous ſes pieds ſe former la tempête,
Eſt un Palais de marbre tranſparant,
Sans toit ni porte, ouvert à tout venant.
Tous les dedans ſont des glaces fidèles;
Si que chacun qui paſſe devant elles,
Ou belle ou laide, ou jeune homme ou barbon,
Peut ſe mirer tant qu'il lui ſemble bon.
Mille chemins ménent devers l'empire
De ces beaux lieux où ſi bien l'on ſe mire:
Mais ces chemins ſont tous bien dangereux,
Il faut franchir des abîmes affreux.
Tel bien ſouvent ſur ce nouvel olympe
Eſt arrivé ſans trop ſavoir par où;
Chacun y court, & tandis que l'un grimpe,

c) On croit qu'Annibal paſſa par la Savoye: c'eſt donc chez les Savoyards qu'eſt le temple de la renommée.

Il en cent qui ſe caſſent le cou.
  De ce Palais la ſuperbe maîtreſſe
Eſt cette vieille & bavarde Déeſſe,
La Renommée, à qui dans tous les tems
La plus modeſte a donné quelque encens.
Le Sage dit que ſon cœur la mépriſe,
Qu'il hait l'éclat qui lui donne un grand nom,
Que la louange eſt pour l'ame un poiſon.
Le Sage ment, & dit une ſottiſe.
  La Renommée eſt donc en ces hauts lieux.
Les courtiſans dont elle eſt entourée,
Princes, pedants, guerriers religieux,
Cohorte vaine, & de vent enyvrée,
Vont tous prians, & crians à genoux:
O Renommée! ô puiſſante Déeſſe!
Qui ſavez tout, & qui parlez ſans ceſſe,
Par charité parlez un peu de nous.
Pour contenter leurs ardeurs indiſcrettes,
La Renommée a toûjours deux trompettes:
L'une à ſa bouche appliquée à propos,
Va célébrant les exploits des Héros:
L'autre eſt au cu, puiſqu'il faut vous le dire,
C'eſt celle-là qui ſert à nous inſtruire
De ce fatras de volumes nouveaux,
Productions de plumes mercenaires,
Et du Parnaſſe inſectes éphémères,
Qui l'un par l'autre éclipſés tour à tour,
Faits en un mois, périſſent en un jour;
Enſevelis dans le fond des colléges,
Rongés des vers, eux & leurs priviléges.

Gentil

Gentil Dunois ſur ton ânon monté,
En ce beau lieu tu te vis tranſporté.
Ton nom fameux qu'avec juſtice on fête,
Etait corné par la trompette honnête.
Tu regardas ces miroirs ſi polis.
O quelle joye enchantait tes eſprits!
Car tu voyais dans ces glaces brillantes
De tes vertus les peintures vivantes;
Non ſeulement des ſiéges, des combats,
Et ces exploits qui font tant de fracas;
Mais des vertus encor plus difficiles,
Des malheureux de tes bienfaits chargés,
Te béniſſants au ſein de leurs aziles,
Des gens de bien à la Cour protégés,
Des orphelins de leurs tuteurs vengés.
Dunois ainſi contemplant ſon hiſtoire,
Se complaiſait à jouïr de ſa gloire.
Son âne auſſi s'amuſait à ſe voir,
Se pavanant de miroir en miroir.
On entendit deſſus ces entrefaites,
Sonner en l'air une des deux trompettes;
Elle diſait: *Voici l'horrible jour*
Où dans Milan la ſentence eſt dictée;
On va bruler la belle Dorothée.
Pleurez, mortels, qui connaiſſez l'amour.
Qui? dit Dunois; qu'elle eſt donc cette belle?
Qu'a-t-elle fait? pourquoi la brûle-t-on?
Paſſe après tout ſi c'eſt une laidron;
Mais dans le feu mettre un jeune tendron,
Par tous les Saints c'eſt choſe trop cruelle.

Comme il parlait, la trompette reprit :
O Dorothée, ô pauvre Dorothée !
En feu cuiſant tu vas être jettée,
Si la valeur d'un chevalier loyal
Ne te recout *de ce braſier fatal.*
A cet avis Dunois ſentit dans l'ame
Un promt déſir de ſecourir la Dame :
Car vous ſavez que ſi-tot qu'il s'offrait
Occaſion de marquer ſon courage,
Venger un tort, redreſſer quelque outrage,
Sans raiſonner ce Héros y courait.
Allons, dit-il à ſon âne fidéle,
Vole à Milan, vole où l'honneur t'apelle.
L'âne auſſi-tôt ſes deux ailes étend ;
Un Chérubin va moins rapidement. *d*)
On voit déja la ville où la juſtice
Arrangeait tout pour cet affreux ſuplice.
Dans la grand' place on éléve un bucher ;
Trois cents archers, gens cruels & timides,
Du mal d'autrui monſtres toûjours avides,
Rangent le peuple, empêchent d'aprocher.
On voit partout le beau monde aux fenêtres ;
Attendant l'heure, & déjà larmoyant ;
Sur un balcon l'Archevêque & ſes prêtres
Obſervent tout d'un œil ferme & content.

Quatre

d) *Chérubin*, eſprit céleſte, ou Ange du ſecond ordre de la premiére Hiérarchie. Ce mot vient de l'Hébreu *Chérub*, dont le pluriel eſt *Cherubin*. Les Chérubins avaient quatre ailes comme quatre faces, & des pieds de bœuf. Voyez la Gemare.

Quatre Alguazils *e*) aménent Dorothée,
Nuë en chemiſe, & de fers garotée;
Le déſeſpoir & la confuſion,
Le juſte excès de ſon affliction,
Devant ſes yeux répandent un nuage,
Des pleurs amers inondent ſon viſage;
Elle entrevoit d'un œil mal aſſuré
L'affreux poteau pour ſa mort préparé,
Et ſes ſanglots ſe faiſant un paſſage;
O mon amant! ô toi qui dans mon cœur
Régnes encor en ces momens d'horreur!...
Elle ne put en dire davantage,
Et béguaiant le nom de ſon amant,
Elle tomba ſans voix, ſans mouvement,
Le front jauni d'une pâleur mortelle:
Dans cet état elle était encor belle.
Un ſcélerat nommé Sacrogorgon,
De l'Archevêque infame champion, *f*)
La dague au poing vers le bucher s'avance,
Le chef armé de fer & d'impudence,
Et dit tout haut, Meſſieurs, je jure Dieu,
Que Dorothée a mérité le feu.
Eſt-il quelqu'un qui prenne ſa querelle?
Eſt-il quelqu'un qui combatte pour elle?
S'il en eſt un, que cet audacieux
Oſe à l'inſtant ſe montrer à mes yeux,
Voici de quoi lui fendre la cervelle.

 C'eſt

e) Alguazil. *Guazil* en Arabe ſignifie huiſſier, de là *Aguazil* archer Eſpagnol.

f) Champion vient de champ, pion du champ: *Pion* mot Indien adopté par les Arabes, il ſignifie ſoldat.

Disant ces mots il marche fiérement,
Branlant en l'air un braquemart g) tranchant,
Roulant les yeux, tordant sa laide bouche;
On frémissait à son aspect farouche;
Et dans la ville il n'était Ecuyer
Qui Dorothée osat justifier;
Sacrogorgon venait de les confondre:
Chacun pleurait, & nul n'osait répondre.
Le fier Prélat, du haut de son balcon,
Encourageait le brutal champion.
Le beau Dunois qui planaît sur la place,
Fut si choqué de l'insolente audace
De ce pervers; & Dorothée en pleurs
Etait si belle au sein de tant d'horreurs,
Son désespoir la rendait si touchante,
Qu'en la voyant il la crut innocente.
Il saute à terre, & d'un ton élevé,
C'est moi, dit-il, face de reprouvé,
Qui viens ici montrer par mon courage,
Que Dorothée est vertueuse & sage,
Et que tu n'es qu'un fanfaron brutal,
Suppot du crime, & menteur déloyal.
Je veux d'abord savoir de Dorothée,
Quelle noirceur lui peut être imputée,
Quel est son cas, & par quel guet à pen
On fait bruler les belles à Milan;
Il dit; le peuple à la surprise en proie
Poussa des cris d'espérance & de joie.
Sacrogorgon qui se mourait de peur,

Fit

g) Braquemart, du Grec *braki-makera*, courte épée.

Fit comme il put ſemblant d'avoir du cœur.
Le fier Prélat ſous ſa mine hypocrite
Ne peut cacher le trouble qui l'agite.
  A Dorothée alors le beau Dunois
S'en vint parler d'un air humble & courtois;
Et cependant que la belle lui conte
En ſoupirant ſon malheur & ſa honte,
L'âne divin ſur l'égliſe perché
De tout ce cas paraiſſait fort touché.
Et de Milan les dévotes familles
Béniſſaient Dieu qui prend pitié des filles.

CHANT SEPTIEME.

Comment Dunois ſauva Dorothée condamnée à la mort par l'Inquiſition.

LOrſqu'autrefois, au printems de mes jours,
Je fus quitté par ma belle maîtreſſe,
Mon tendre cœur fut navré de triſteſſe ;
Je déteſtai l'empire des amours :
Mais d'offenſer, par le moindre diſcours,
Cette beauté que j'avois encenſée,
De ſon bonheur oſer troubler le cours,
Un tel forfait n'entra dans ma penſée.
Gêner un cœur ce n'eſt pas ma façon.
Que ſi je traite ainſi les infidéles,
Vous comprenez à plus forte raiſon,
Que je reſpecte encor plus les cruelles.
Il eſt affreux d'aller perſécuter
Un jeune cœur que l'on n'a pu dompter.
Si la maîtreſſe objet de votre hômmage
Ne peut pour vous des mêmes feux bruler,
Cherchez ailleurs un plus doux eſclavage ;
On trouve aſſez de quoi ſe conſoler ;
Ou bien buvez : c'eſt un parti fort ſage.
Et plût à Dieu qu'en un cas tout pareil,
Ce fier Prélat, qu'amour rendit barbare,

Cet

Cet opresseur d'une beauté si rare,
Se fût servi d'un aussi bon conseil !
Déja Dunois à la belle affligée
Avait rendu le courage & l'espoir :
Mais avant tout il convenait savoir,
Les attentats dont elle était chargée.
O vous, dit-elle, en baissant ses beaux yeux,
Ange divin qui descendez des Cieux,
Vous qui venez prendre ici ma défense,
Vous savez bien quelle est mon innocence.
Dunois reprit, je ne suis qu'un mortel,
Je suis venu par une étrange allure,
Pour vous sauver d'un trépas si cruel.
Nul dans les cœurs ne lit que l'Eternel.
Je croi vôtre ame & vertueuse & pure;
Mais dites moi pour Dieu vôtre avanture.
Lors Dorothée en essuiant les pleurs,
Dont le torrent son beau visage mouille,
Dit ; L'amour seul a fait tous mes malheurs
Connaissez-vous Monsieur de la Trimouille ?
Oui, dit Dunois, c'est mon meilleur ami,
Peu de héros ont une ame aussi belle;
Mon Roi n'a point de guerrier plus fidéle;
L'Anglais n'a point de plus fier ennemi;
Nul chevalier n'est plus digne qu'on l'aime.
Il est trop vrai, dit-elle, c'est lui même.
Il ne s'est pas écoulé plus d'un an,
Depuis le jour qu'il a quitté Milan.
C'est en ces lieux qu'il m'avait adorée;
Il le jurait, & j'ose être assurée,

Que

Que ſon grand cœur eſt toûjours enflammé,
Qu'il m'aime encor; car il eſt trop aimé.
Ne doutez point, dit Dunois, de ſon ame;
Votre beauté vous répond de ſa flamme:
Je le connais, il eſt, ainſi que moi,
A ſes amours fidéle comme au Roi.
L'autre reprit, Ah: Monſieur, je vous croi.
O jour heureux où je le vis paraître,
Où des mortels il était à mes yeux
Le plus aimable & le plus vertueux,
Où de mon cœur il ſe rendit le maître!
Je l'adorais avant que ma raiſon
Eût pu ſavoir ſi je l'aimois ou non.
Ce fut, Monſieur, ô moment délectable!
Chez l'Archevêque ou nous étions à table,
Que ce héros plein de ſa paſſion
Me fit, me fit ſa déclaration.
Ah! j'en perdis la parole & la vûe,
Mon ſang brula d'une ardeur inconnuë:
Du tendre amour j'ignorais le danger,
Et de plaiſir je ne pouvais manger.
Le lendemain il me rendit viſite:
Elle fut courte, il prit congé trop vite.
Quand il partit, mon cœur le rapelait,
Mon tendre cœur après lui s'envolait.
Le lendemain il eut un tête à tête,
Un peu plus long, mais non pas moins honnête.
Le lendemain il en reçut le prix,
Par deux baiſers ſur mes lévres ravis.
Le lendemain il oſa davantage,

Il me promit la foi de mariage.
Le lendemain il fut entreprenant.
Le lendemain il me fit un enfant.
Que dis-je hélas? faut-il que je raconte
De point en point mes malheurs & ma honte,
Sans que je fache, ô digne chevalier!
A quel Héros j'ofe me confier?
  Le Chevalier par pure obéiffance
Dit fans vanter fes faits ni fa naiffance,
Je fuis *Dunois*. C'était en dire affez.
Dieu, reprit-elle, ô Dieu qui m'exaucez,
Quoi vos bontés font voler à mon aide
Ce grand *Dunois*, ce bras à qui tout céde!
Ah qu'on voit bien d'où vous tenez le jour;
Charmant bâtard, cœur noble, ame fublime
Le tendre amour me faifait fa victime;
Mon falut vient d'un enfant de l'amour.
Le Ciel eft jufte & l'efpoir me ranime.
  Vous faurez donc, brave & gentil Dunois,
Que mon amant au bout de quelques mois
Fut obligé de partir pour la guerre,
Guerre funefte, & maudite Angleterre!
Il écouta la voix de fon devoir.
Mon tendre amour était au défefpoir.
Un tel état vous eft connu fans doute;
Et vous favez, Monfieur, ce qu'il en coute:
Ce fier devoir fait feul tous nos malheurs;
Je l'éprouvais en répandant des pleurs;
Mon cœur était forcé de fe contraindre,
Et je mourais, mais fans pouvoir m'en plaindre.

Il

Il me donna le préſent àmoureux,
D'un bracelet fait de ſes blonds cheveux,
Et ſon portrait qui trompant ſon abſence,
M'a fait cent fois retrouver ſa préſence.
Un tendre écrit ſurtout il me laiſſa,
Que de ſa main le ferme amour traça.
C'était, Monſieur, une juſte promeſſe,
Un cher garant de ſa ſainte tendreſſe:
On y liſait; *Je jure par l'amour*,
Par les plaiſirs de mon ame enchantée,
De revenir bientôt en cette Cour,
Pour épouſer ma chére Dorothée.
  Las! il partit, il porta ſa valeur
Dans Orléans. Peut-être il eſt encore
Dans ces remparts, où l'appella l'honneur.
S'il y ſavait quels maux & quelle horreur
Sont loin de lui le prix de mon ardeur!
Non, juſte Ciel! il vaut mieux qu'il l'ignore.
  Il partit donc; & moi je m'en allai,
Loin des ſoupçons d'une ville indiſcréte,
Chercher aux champs une ſombre retraite,
Conforme aux ſoins de mon cœur déſolé.
Mes parents morts, libre dans ma triſteſſe,
Cachée au monde & fuiant tous les yeux,
Dans le ſecret le plus myſtérieux
J'enſevelis mes pleurs & ma groſſeſſe.
Mais par malheur, hélas! je ſuis la niéce
De l'Archevêque. A ces funeſtes mots
Elle ſentit redoubler ſes ſanglots.
  Puis vers le Ciel tournant ſes yeux en larmes,

J'avais,

J'avais, dit-elle, en ſecret mis au jour
Ce tendre fruit de mon furtif amour;
Avec mon fils conſolant mes allarmes,
De mon amant j'attendais le retour.
A l'Archevêque il prit en fantaiſie
De venir voir quelle eſpèce de vie
Menait ſa niéce au fond de ces forêts;
Pour ma campagne il quitta ſon palais;
Il fut touché de mes faibles attraits.
Cette beauté, préſent cher & funeſte,
Ce don fatal, qu'aujourd'hui je déteſte,
Perça ſon cœur des plus dangereux traits.
Il s'expliqua: Ciel que je fus ſurpriſe!
Je lui parlai des devoirs de ſon rang,
De ſon état, des nœuds ſacrés du ſang.
Je remontrai l'horreur de l'entrepriſe;
Elle outrageait la nature & l'égliſe.
Hélas! j'eus beau lui parler de devoir,
Il s'entêta d'un chimérique eſpoir.
Il ſe flatait que mon cœur indocile,
D'aucun objet ne s'était prévenu,
Qu'enfin l'amour ne m'était point connu,
Que ſon triomphe en ſerait plus facile;
Il m'accablait de ſes ſoins fatigans,
De ſes déſirs rebutés & preſſans.
Hélas! un jour que toute à ma triſteſſe
Je reliſais cette douce promeſſe,
Que de mes pleurs je mouillais cet écrit,
Mon cruel oncle en liſant me ſurprit.
Il ſe ſaiſit d'une main ennemie,

De

De ce papier qui contenait ma vie ;
Il lut, il vit dans cet écrit fatal,
Tous mes ſecrets, ma flamme & ſon rival.
Son ame alors jalouſe & forcenée
A ſes déſirs fût plus abandonnée.
Toûjours alerte & toûjours m'épiant,
Il ſut bientôt que j'avais un enfant.
Sans doute un autre en eût perdu courage,
Mais l'Archevêque en devint plus ardent ;
Et ſe ſentant ſur moi cet avantage,
Ah ! me dit-il, n'eſt-ce donc qu'avec moi
Que vous aurez la fureur d'être ſage ?
Et vos faveurs ſeront le ſeul partage
De l'étourdi qui ravit vôtre foi ?
Oſez-vous bien me faire réſiſtance ?
Y penſez-vous ? vous ne méritez pas
Le fol amour que j'ai pour vos apas :
Cédez ſur l'heure, ou craignez ma vengeance.
Je me jettai tremblante à ſes genoux :
J'atteſtai Dieu : je répandis des larmes.
Lui furieux d'amour & de courroux,
En cet état me trouva plus de charmes.
Il me renverſe, & va me violer ;
A mon ſecours il falut apeller ;
Tout ſon amour ſoudain ſe tourne en rage.
D'un Oncle, ô Ciel ! ſouffrir un tel outrage !
De coups affreux il meurtrit mon viſage.
On vient au bruit ; l'Archevêque à l'inſtant
Joint à ſon crime un crime encor plus grand.
Chrêtiens, dit-il, ma niéce eſt une impie ;
Je

Je l'abandonne, & je l'excommunie :
Un hérétique, un damné fuborneur
Publiquement a fait fon déshonneur :
L'enfant qu'ils ont eft un fruit d'adultère.
Que Dieu confonde & le fils & la mère !
Et puifqu'ils ont ma malédiction,
Qu'ils foient livrés à l'Inquifition.
Il ne fit point une menace vaine.
Et dans Milan le traître arrive à peine,
Qu'il fait agir le grand Inquifiteur.
On me faifit, prifonniére on m'entraine
Dans des cachots où le pain de douleur
Etait ma feule & trifte nourriture :
Lieux fouterrains, lieux d'une nuit obfcure,
Séjour de mort & tombeau des vivans !
Après trois jours on me rend la lumiére,
Mais pour la perdre au milieu des tourmens ;
Vous les voyez ces brafiers dévorans ;
C'eft là qu'il faut expirer à vingt-ans.
Voilà mon lit à mon heure derniére.
C'eft-là, c'eft-là, fans vôtre bras vengeur,
Qu'on m'arrachait la vie avec l'honneur.
Plus d'un guerrier aurait felon l'ufage
Pris ma défenfe & pour moi combattu ;
Mais l'Archevêque enchaine leur vertu :
Contre l'Eglife ils n'ont point de courage.
Qu'attendre hélas ! d'un cœur Italien ?
Ils tremblent tous à l'afpect d'une étole ; a)

H Mais

a) *Etole.* Ornement facerdotal qu'on paffe par deffus le furplis. Ce mot vient du grec στολή, qui

Mais un Français n'eſt allarmé de rien,
Et braverait le Pape au Capitole.
  A ces propos Dunois piqué d'honneur,
Plein de pitié pour la belle accuſée,
Plein de courroux pour ſon perſécuteur,
Brulait déja d'exercer ſa valeur,
Et ſe flatait d'une victoire aiſée;
Bien ſurpris fut de ſe voir entouré
De cent archers, dont la cohorte fiére
L'inveſtiſſait noblement par derriére.
Un cuiſtre en robe avec bonnet quarré,
Criait d'un ton de vrai *miſéréré*,
„ On fait ſavoir de par la Sainte Egliſe,
„ Par Monſéigneur, pour la gloire de Dieu,
„ A tous Chrêtiens que le Ciel favoriſe,
„ Que nous venons de condamner au feu
„ Cet étranger, ce champion profane,
„ De Dorothée infame Chevalier,
„ Comme infidèle, héretique & ſorcier:
„ Qu'il ſoit brulé ſur l'heure avec ſon âne.
  Cruel Prélat, Buſiris en ſoutane, *b*)
C'était, perfide, un tour de ton métier;
Tu redoutais le bras de ce guerrier,

Tu

ſignifie *une robe longue*. L'étole eſt aujourd'hui une bande large de quatre doitgs. *L'étole* des anciens était fort différente; c'était quelquefois un habit de cérémonie que les Rois donnaient à ceux qu'ils voulaient honorer: de-là ces expreſſions de l'Ecriture, *Stolam gloriæ induit eum*, &c.

b) Buſiris était un Roi d'Egypte, qui paſſait pour un Tyran.

Tu t'entendais avec le Saint Office,
Pour oprimer, ſous le nom de juſtice,
Quiconque eût pû lever le voile affreux
Dont tu cachais ton crime à tous les yeux.
Tout auſſi-tôt l'aſſaſſine cohorte,
Du Saint Office abominable eſcorte,
Pour ſe ſaiſir du ſuperbe Dunois,
Deux pas avance & en recule trois;
Puis marche encor; puis ſe ſigne & s'arrête,
Sacrogorgon qui tremblait à leur tête,
Leur crie, Allons, il faut vaincre ou périr;
De ce ſorcier tâchons de nous ſaiſir.
Au milieu d'eux les Diacres de la ville,
Les Sacriſtains arrivent à la file:
L'un tient un pot, & l'autre un goupillon; c)
Ils font leur ronde, & de leur eau ſalée
Benoitement aſpergent l'aſſemblée.
On exorciſe, on maudit le Démon:
Et le Prélat toûjours l'ame troublée,
Donne partout la bénédiction.
Le grand Dunois, non ſans émotion,
Voit qu'on le prend pour envoyé du Diable:
Lors ſaiſiſſant de ſon bras redoutable,
Sa grande épée, & de l'autre montrant

c) Le *Goupillon* eſt un inſtrument garni en tout ſens de ſoies de porc priſes dans des fils d'archal paſſés à l'extrémité d'un manche de bois ou de métal. Il ſert à diſtribuer l'eau bénite, &c. Cet inſtrument était uſité dans l'antiquité, on s'en ſervait pour arroſer les initiés de l'eau luſtrale.

Un chapelet, Catholique inftrument,
De fon falut cher & facré garant;
Allons, dit-il, venez à moi, mon âne:
L'âne defcend, Dunois monte & foudain
Il va frapant en moins d'un tour de main
De ces croquants la cohorte profane.
Il perce à l'un le *fternum d*) & le bras:
Il atteint l'autre, à l'os qu'on nomme *atlas*; *e*)
Qui voit tomber fon nez & fa mâchoire,
Qui fon oreille & qui fon *humerus*;
Qui pour jamais s'en va dans la nuit noire,
Et qui s'enfuit difant fes *Orémus*:
L'âne au milieu du fang & du carnage,
Du paladin féconde le courage;
Il vole, il rue, il mord, il foule aux pieds
Ce tourbillon de faquins effrayés.
Sacrogorgon abaiffant la vifiére,
Toujours jurant s'en allait en arriére;
Dunois le joint, l'atteint à l'os *pubis*, *f*)
Le fer fanglant lui fort par le *coccis*: *g*)

d) *Sternum*, terme Grec, comme font prefque tous ceux de l'anatomie; c'eft cette partie antérieure de la poitrine à laquelle font jointes les côtes: elle eft compofée de fept os fi bien affemblés qu'ils femblent n'en faire qu'un: C'eft la cuiraffe que la nature a donnée au cœur & aux poulmons.

e) *Atlas*, la premiére vertèbre du cou: elle foutient tous les fardeaux qu'on pofe fur fa tête; laquelle tourne fur cet *Atlas*, comme fur un pivot.

f) *Pubis*, de puberté, os barré qui fe joint aux deux hanches, *os pubis*, *os pectinis*.

g) *Coccis*, κοκκυξ, croupion, placé immédiatement au deffous de l'os *facrum*. Il n'eft pas honnête d'être bleffé-là.

Le vilain tombe, & le peuple s'écrie,
Béni soit Dieu, le barbare est sans vie.
Le scélerat encor se débattait
Sur la poussiére, & son cœur palpitait,
Quand le héros lui dit; Ame traitresse,
L'Enfer t'attend, crain le Diable, & confesse
Que l'Archevêque est un coquin mitré,
Un ravisseur, un parjure avéré,
Que Dorothée est l'innocence même,
Qu'elle est fidèle au tendre amant qu'elle aime,
Et que tu n'es qu'un sot & qu'un fripon.
Oui, Monseigneur: oui, vous avez raison;
Je suis un sot, la chose est par trop claire,
Et vôtre épée a prouvé cette affaire.
Il dit: son ame alla chez le Démon.
Ainsi mourut le fier Sacrogorgon.
Dans l'instant même où ce bravache infame
A Belzebut rendait sa vilaine ame,
Devers la place arrive un Ecuyer
Portant salade *b*) avec lance dorée:
Deux postillons à la jaune livrée
Allaient devant. C'était, chose assurée,
Qu'il arrivait quelque grand Chevalier.
A cet objet la belle Dorothée
D'étonnement & d'amour transportée,
Ah Dieu puissant, se mit-elle à crier,
Serait-ce lui! serait-il bien possible!
A mes malheurs le Ciel est trop sensible.

b) *Salade*, on devrait dire *célade*, de *celata*; mais le mauvais usage prévaut par-tout.

Les Milanais, peuples très curieux,
Vers l'Ecuyer avaient tourné les yeux.
Eh! cher Lecteur, n'êtes-vous pas honteux
De ressembler à ce peuple volage,
Et d'occuper vos yeux & votre esprit
Du changement qui dans Milan se fit?
Est-ce donc là le but de mon ouvrage?
Songez, Lecteur, aux remparts d'Orléans,
Au Roi de France, aux cruels assiégeans,
A la Pucelle, à l'illustre amazone,
La vengeresse & du peuple & du Trône,
Qui sans jupon, sans pourpoint ni bonnet,
Parmi les champs comme un centaure allait,
Ayant en Dieu sa plus ferme espérance,
Comptant sur lui plus que sur sa vaillance,
Et s'adressant à Monsieur Saint Denis,
Qui cabalait alors en paradis
Contre Saint George en faveur de la France.
Surtout, lecteur, n'oubliez point Agnès,
Ayez l'esprit tout plein de ses attraits,
Tout honnête homme à mon gré doit s'y plaire.
Est-il quelqu'un si morne & si sévère,
Que pour Agnès il soit sans intérêt?
Et franchement dites-moi, s'il vous plaît,
Si Dorothée au feu fut condamnée;
Si le Seigneur du haut du firmament
Sauva le jour à cette infortunée,
Semblable cas advient très rarement.
Mais que l'objet où vôtre cœur s'engage,
Pour qui vos pleurs ne peuvent s'essuyer,

Soit

Soit dans les bras d'un robuste aumônier,
Ou semble épris pour quelque jeune page;
Cet accident peut-être est plus commun.
Pour l'amener ne faut miracle aucun.
Je l'avoûrai, j'aime toute avanture,
Qui tient de près à l'humaine nature;
Car je suis homme, & je me fais honneur
D'avoir ma part aux humaines faiblesses;
J'ai dans mon tems possédé des maîtresses,
Et j'aime encor à retrouver mon cœur.

CHANT

CHANT HUITIEME.

Comment le charmant La Trimouille rencontra un Anglais à Notre Dame de Lorette, & ce qui s'ensuivit avec sa Dorothée.

QUe cette histoire est sage, intéressante!
Comme elle forme & l'esprit & le cœur!
Comme on y voit la vertu triomphante,
Des Chevaliers le courage & l'honneur,
Les droits des Rois, des belles la pudeur!
C'est un jardin dont tout le tour m'enchante
Par sa culture & sa varieté.
J'y vois surtout l'aimable chasteté,
Des belles fleurs la fleur la plus brillante,
Comme un lys blanc que le Ciel a planté,
Levant sans tache une tête éclatante.
Filles, garçons, lisez assidûment
De la vertu ce divin rudiment:
Il fut écrit par nôtre Abbé Tritême, *a*)

Sa-

a) L'Abbé Tritême n'était point de Picardie, il était du Diocèse de Tréves; il mourut en 1516. Nous n'oserions assurer que sa famille ne fût pas d'origine Picarde; nous nous en raportons au savant auteur qui sans doute a vu le MSS. de la Pucelle dans quelque Abbaye de Bénédictins.

Savant Picard, de ſon ſiécle ornement.
Il prit Agnès & Jeanne pour ſon Thême.
Que je l'admire, & que je me ſçai gré
D'avoir toûjours hautement préféré
Cette lecture honnête & profitable,
A ce fatras d'inſipides Romans
Que je vois naître & mourir tous les ans,
De cerveaux creux avortons languiſſans!
De Jeanne d'Arc l'hiſtoire véritable
Triomphera de l'envie & du temps.
Le vrai me plait, le vrai ſeul eſt durable.
  De Jeanne d'Arc, cependant, cher lecteur,
En ce moment je ne puis rendre compte;
Car Dorothée & Dunois ſon vengeur,
Et la Trimouille objet de ſon ardeur,
Ont de grands droits; & j'avoûrai ſans honte
Qu'avec raiſon vous vouliez être inſtruit
Des beaux effets que leur amour produit.
  Près d'Orléans vous avez ſouvenance
Que La Trimouille, ornement du Poitou,
Pour ſon bon Roi ſignalant ſa vaillance,
Dans un foſſé fut plongé juſqu'au cou.
Ses Ecuïers tirèrent avec peine,
Du ſâle fond de la fangeuſe arène
Nôtre héros, en cent endroits froiſſé,
Un bras démis, le coude fracaſſé.
Vers les remparts de la ville aſſiégée
On reportait ſa figure affligée;
Mais de Talbot les efforts vigilans
Avaient fermé les chemins d'Orléans.

On

On tranſporta, de craînte de ſurpriſe,
Mon paladin, par de ſecrets détours,
Sur un brancard, en la Cité de Tours,
Cité fidéle, au Roi Charle ſoumiſe.
Un charlatan arrivé de Veniſe,
Adroitement remit ſon *radius*, *b*)
Dont le pivot rejoignit l'*humerus*.
Son Ecuïer lui fit bientôt connaître
Qu'il ne pouvair retourner vers ſon maître,
Que les chemins étaient fermés pour lui.
Le Chevalier fidéle à ſa tendreſſe,
Se réſolut, dans ſon cuiſant ennui,
D'aller au moins rejoindre ſa maîtreſſe.
Il courut donc à travers cent hazards,
Au beau païs conquis par les Lombards.
En arrivant aux portes de la ville,
Le Poitevin eſt entouré, heurté,
Preſſé des flots d'une foule imbécille,
Qui d'un pas lourd, & d'un œil hébété,
Court à Milan des campagnes voiſines;
Bourgeois, manants, moines, Bénédictines,
Méres, enfans: c'eſt un bruit, un concours,
Un chamaillis: chacun ſe précipite:
On tombe, on crie, arrivons, entrons vite,
Nous n'aurons pas tels plaiſirs tous les jours.
Le Paladin ſçut bientôt quelle fête
Allait chommer ce bon peuple Lombard,

Et

b) Le *radius* & l'*ulna* ſont les deux os qui partent du coude & ſe joignent au poignet, l'*humerus* eſt l'os du bras qui ſe joint à l'épaule.

Et quel ſpectacle à ſes yeux on aprête.
Ma Dorothée ! ô ciel ! Il dit & part,
Et ſon courſier s'élançant ſur la tête
Des curieux, le porte en quatre bonds
Dans les fauxbourgs, dans la ville, à la place,
Où du bâtard la généreuſe audace
A diſſipé tous ces monſtres félons,
Où Dorothée interdite, éperdüe,
Oſait à peine encor lever la vüe.
L'abbé Tritême avec tout ſon talent,
N'eût pû jamais nous faire la peinture
De la ſurpriſe & du ſaiſiſſement,
Et des tranſports dont cette ame ſi pure
Fut pénétrée en voyant ſon amant.
Quel coloris, quel pinceau pourrait rendre
Ce doux mélange, & ſi vif, & ſi tendre,
L'impreſſion d'un reſte de douleur,
La douce joye où ſe livrait ſon cœur,
Son embarras, ſa pudeur & ſa honte,
Que par degrés la tendreſſe ſurmonte ?
Son la Trimouille ardent, yvre d'amour,
Entre ſes bras la tient longtems ſerrée,
Faible, attendrie, encor toute éplorée ;
Il embraſſait, il baiſait tour à tour
Le grand Dunois, & ſa maîtreſſe, & l'âne.
Tout le beau-ſexe aux fenêtres penché
Battait des mains, de tendreſſe touché ;
On voyait fuir tous les gens à ſoutane
Sur les débris du bucher renverſé,
Qui dans le ſang nage au loin diſperſé.

Sur

Sur ces débris le bâtard intrépide
A l'air, le port, & le maintien d'Alcide,
Qui sous ses pieds enchainant le trépas,
Le triple chien, & la triple Euménide,
Remit Alceste à son dolent époux,
Quoiqu'en secret il fût un peu jaloux.
Avec honneur la belle Dorothée
Fut en litiére à son logis portée,
Des deux héros noblement escortée.
Le lendemain le bâtard généreux
Vint près du lit du beau couple amoureux:
Je sens, dit-il, que je suis inutile
Aux doux plaisirs que vous goûtez tous deux;
Il me convient de sortir de la ville;
Jeanne & mon Roi me rapellent près d'eux;
Il faut les joindre, & je sens trop que Jeanne
Doit regretter la perte de son âne.
Le grand Denis, le patron de nos loix,
M'a cette nuit présenté sa figure;
J'ai vû Denis tout comme je vous vois;
Il me prêta sa divine monture,
Pour secourir les Dames & les Rois:
Denis m'enjoint de revoir ma patrie.
Graces au ciel Dorothée est servie,
Je dois servir Charle sept à son tour.
Goutez les fruits de vôtre tendre amour;
A mon bon Roi je vais donner ma vie;
Le temps me presse & mon âne m'attend.
Sur mon cheval je vous suis à l'instant,
Lui repliqua l'aimable la Trimouille.

La

La belle dit, C'eſt auſſi mon projet ;
Un déſir vif dès longtems me chatouille
De contempler la cour de Charles ſept,
Sa cour ſi belle, en héros ſi féconde,
Sa tendre Agnès qui gouverne ſon cœur,
Sa fiére Jeanne en qui valeur abonde.
Mon cher amant, mon cher libérateur,
Me conduiraient juſques au bout du monde.
Mais ſur le point d'être cuite en ce lieu,
En récitant ma priére ſecrette,
Je fis tout bas à la Vierge un beau vœu
De viſiter ſa maiſon de Lorette,
S'il lui plaiſait de me tirer du feu.
Tout auſſi-tôt la mére du bon Dieu
Vous députa ſur vôtre âne céleſte ;
Vous me ſauvez de ce bucher funeſte,
Je vis par vous ; mon vœu doit ſe tenir :
Sans quoi la Vierge a droit de me punir.
  Vôtre diſcours eſt très juſte & très ſage,
Dit La Trimouille : & ce pélérinage
Eſt à mes yeux un devoir bien ſacré :
Vous permettrez que je ſois du voyage.
J'aime Lorette, & je vous conduirai.
Allez, Dunois, par la plaine étoilée
Fendez les airs, volez aux champs de Blois,
Nous vous joindrons avant qu'il ſoit un mois.
Et vous, Madame, à Lorette appellée,
Venez remplir vôtre vœu ſi pieux ;
Moi j'en fais un digne de vos beaux yeux ;
C'eſt de prouver à toute heure, en tous lieux ;

A tout venant, par l'épée & la lance,
Que vous devez avoir la préférence
Sur toute fille ou femme de renom,
Que nulle n'est & si sage, & si belle.
Elle rougit. Cependant le grison
Frappe du pied, s'éléve sur son aîle,
Plane dans l'air, & laissant l'horison,
Porte Dunois vers les sources du Rhône.
Le Poitevin prend le chemin d'Ancône *c*),
Avec sa Dame, un bourdon dans la main,
Portant tous deux chapeau de pélerin,
Bien relevé de coquilles bénies.
A leur ceinture un rozaire pendait
De beaux grains d'or & de perles unies:
Le Paladin souvent le récitait,
Disait *Ave*: la belle répondait,
Par des soupirs & par des litanies,
Et *je vous aime*, était le doux refrain
Des *Orémus* qu'ils chantaient en chemin.
Ils vont à Parme, à Plaisance, à Modène,
Dans Urbino, dans la tour de Césène,
Toûjours logés dans de très beaux châteaux
De Princes, Ducs, Comtes & Cardinaux.

Le

c) C'est dans la Marche d'Ancone qu'est la maison de la Vierge aportée de Nazareth par les Anges; ils la mirent d'abord en dépôt en Dalmatie pendant trois ans & sept mois, & ensuite la posèrent près de Ricannati. Sa statue est de quatre pieds de haut; son visage noir; elle porte la même Tiare que le Pape: on connait ses miracles & ses trésors.

Le Paladin eut partout l'avantage
De ſoutenir que dans le monde entier
Il n'eſt beauté plus aimable & plus ſage
Que Dorothée; & nul n'oſa nier
Ce qu'avançait un ſi grand perſonnage;
Tant les Seigneurs de tout ce beau canton
Avaient d'égards & de diſcrétion.
  Enfin portés ſur les bords du Muſône,
Près Ricanate en la Marche d'Ancône,
Les Pelerins virent briller de loin
Cette maiſon de la ſainte Madône,
Ces murs divins de qui le Ciel prend ſoin,
Et qu'autrefois des Anges tutélaires
Firent voler dans les plaines des airs,
Comme un vaiſſeau qui fend le ſein des mers.
A *Loretto* les anges s'arrêtèrent, *d*)
Les murs ſacrés d'eux-mêmes ſe fondèrent:
Et ce que l'art a de plus précieux,
De plus brillant, de plus induſtrieux,
Fut employé depuis par les ſaints pères,
Maîtres du monde, & du Ciel grands vicaires,
A l'ornement de ces auguſtes lieux.
Les deux amants de cheval deſcendirent,
D'un cœur contrit à deux genoux ſe mirent;
Puis chacun deux pour accomplir ſon vœu
Offrit des dons pleins de magnificence,
Tous acceptés avec reconnaiſſance

Par

d) Ils ne s'arrêtèrént pas d'abord à *Lorreto*: c'eſt une inadvertence de nôtre auteur: *non ego paucis offendor maculis.*

Par la Madône & les moines du lieu.
Au cabaret les deux amants dînèrent;
Et ce fut là qu'à table ils rencontrèrent
Un brave Anglais, fier, dur & ſans ſouci,
Qui venait voir la Sainte Vierge auſſi
Par paſſe-temps, ſe moquant dans ſon ame
Et de Lorette, & de ſa nôtre Dame;
Parfait Anglais, voyageant ſans deſſein,
Achetant cher des modernes antiques,
Regardant tout avec un air hautain,
Et mépriſant les ſaints & leurs reliques.
De tout Français c'eſt l'ennemi mortel;
Et ſon nom eſt Chriſtophe d'Arondel.
Il parcourait triſtement l'Italie,
Et ſe ſentant fort ſujet à l'ennui,
Il amenait ſa maîtreſſe avec lui,
Plus dédaigneuſe encor, plus impolie,
Parlant fort peu, mais belle, faite au tour,
Douce la nuit, inſolente le jour,
A table, au lit, par caprice emportée,
Et le contraire en tout de Dorothée.
Le beau Baron, du Poitou l'ornement,
Lui fit d'abord un petit compliment,
Sans recevoir aucune repartie;
Puis il parla de la Vierge Marie;
Puis il compta comme il avait promis
Chez les Lombards, à Monſieur Saint Denis,
De ſoutenir en tout lieu la ſageſſe
Et la beauté de ſa chère maîtreſſe;
Je crois, dit-il au dédaigneux Breton,

Que

Que vôtre Dame eſt noble & d'un grand nom,
Qu'elle eſt ſurtout auſſi ſage que belle ;
Je crois encor, quoiqu'elle n'ait rien dit,
Que dans le fonds elle a beaucoup d'eſprit ;
Mais Dorothée eſt fort au deſſus d'elle ;
Vous l'avoüerez : on peut ſans l'abaiſſer
Au ſecond rang dignement la placer.
  Le fier Anglais à ce diſcours honnête
Le regarda des pieds juſqu'à la tête :
Pardieu, dit-il, il m'importe fort peu
Que vous ayez à Denis fait un vœu ;
Et peu me chaut que vôtre Damoiſelle
Soit ſage ou folle, & ſoit ou laide ou belle ;
Chacun ſe doit contenter de ſon bien
Tout uniment, ſans ſe vanter de rien.
Mais puiſqu'ici vous avez l'impudence
D'oſer prétendre à quelque préférence
Sur un Anglais, je vous enſeignerai
Vôtre devoir ; & je vous prouverai
Que tout Anglais en affaires pareilles
A tout Français donne ſur les oreilles ;
Que ma maîtreſſe en figure, en couleur,
En gorge, en bras, cuiſſes, taille, rondeur,
Même en ſageſſe, en ſentiments d'honneur,
Vaut cent fois mieux que vôtre pélerine,
Et que mon Roi (dont je fais peu de cas,)
Quand il voudra ſçaura bien mettre à bas
Et vôtre maître, & ſa groſſe héroïne.
Eh bien, reprit le nôble Poitevin,
Sortons de table, éprouvons-nous ſoudain ;

A vos dépends je foutiendrai peut-être
Mon tendre amour, mon pays & mon maître.
Mais comme il faut être toûjours courtois,
De deux combats je vous laiffe le choix,
Soit à cheval, foit à pied; l'un & l'autre
Me font égaux : mon choix fuivra le vôtre.
A pied, mort Dieu, dit le rude Breton;
Je n'aime point qu'un cheval ait la gloire
De partager ma peine & ma victoire;
Point de cuiraffe, & point de morion,
C'eft à mon fens une arme de poltron;
Il fait trop chaud, j'aime à combattre à l'aife,
Je veux tout nud vous foutenir ma thèfe :
Nos deux beautés jugeront mieux des coups.
Très volontiers, dit d'un ton noble & doux
Le beau Français. Sa chère Dorothée
Frémit de crainte à ce défi cruel,
Quoiqu'en fecret fon ame fût flattée
D'être l'objet d'un fi noble duel.
Elle tremblait que Chriftophe Arondel
Ne tranfperçat de quelque coup mortel
La douce peau de fon cher la Trimouille,
Que de fes pleurs tendrement elle mouille.
La Dame Anglaife animait fon Anglais,
D'un coup d'œil fier & fûr de fes attraits;
Elle n'avait jamais verfé de larmes,
Son cœur altier fe plaifait aux allarmes,
Et les combats des coqs de fon païs
Avaient été fes paffetemps chéris.
Son nom était Judith de Rofamore,

Cher

Cher à Briſtol, & que Cambridge honore. *e*)
  Voilà déja nos braves paladins
Dans un champ clos prêts d'en venir aux mains,
Tous deux charmés, dans leurs nobles querelles,
De ſoutenir leur patrie & leurs belles:
La tête haute, & le fer de droit fil,
Le bras tendu, le corps en ſon profil,
En tierce, en quarte, ils joignent leurs épées
L'une par l'autre à tout moment frapées.
C'eſt un plaiſir de les voir ſe baiſſer,
Se relever, reculer, avancer,
Parer, ſauter, ſe ménager des feintes,
Et ſe porter les plus rudes atteintes.
Ainſi l'on voit dans une belle nuit,
Sous le Lyon ou ſous la Canicule,
Tout l'horiſon qui s'enflamme & qui brule
De mille feux dont nôtre œil s'éblouït,
Un éclair paſſe, un autre éclair le ſuit.
  Le Poitevin adreſſe une apoſtrophe
Droit au menton du ſuperbe Chriſtophe,
Puis en arriére il ſaute allégrement,
Toûjours en garde, & Chriſtophe à l'inſtant
Engage en tierce, & ſerrant la meſure
Au ferrailleur inflige une bleſſure
Sur une cuiſſe; & de ſang empourpré
Ce bel yvoire eſt teint & bigarré.
  Ils s'acharnaient à cette noble eſcrime,

e) Briſtol & Cambridge, deux villes célèbres, la première par ſon commerce, la ſeconde par ſon univerſité, qui a eu de grands hommes.

Voulant mourir pour jouïr de l'eſtime
De leur maîtreſſe, & pour bien-décider
Quelle beauté doit à l'autre céder;
Lorſqu'un bandit des Etats du ſaint Père,
Avec ſa troupe entra dans ces cantons
Pour s'acquitter de ſes dévotions.
Le ſcélerat ſe nommait Martinguerre,
Voleur de jour, voleur de nuit, corſaire,
Mais ſaintement à la Vierge attaché,
Et ſans manquer recitant ſon rozaire,
Pour être pur & net de tout péché.
Il aperçut ſur le pré les deux belles,
Et leurs chevaux, & leurs brillantes ſelles,
Et leurs mulets chargés d'or & d'*agnus*.
Dès qu'il les vit, on ne les revit plus.
Il vous enlève & Judith Roſamore,
Et Dorothée, & le bagage encore,
Mulets, chevaux, & part comme un éclair.
  Les champions tenaient toûjours en l'air
A poing fermé leurs brandiſſantes lames,
Et ferraillaient pour l'honneur de ces dames.
Le Poitevin s'aviſe le premier
Que ſa maîtreſſe eſt comme diſparüe.
Il voit de loin courir ſon écuïer;
Il s'ébahit, & ſon arme pointüe
Reſte en ſa main ſans force & ſans effet.
Sire Arondel demeure ſtupéfait;
Tous deux reſtaient la prunelle effarée,
Bouche béante, & la mine égarée,
L'un contre l'autre. Oh! oh! dit le Breton,
Dieu

Dieu me pardonne, on nous a pris nos belles;
Nous nous donnons cent coups d'eſtramaçon
Très ſottement, courons vîte après elles,
Reprenons-les, & nous nous rebattrons
Pour leurs beaux yeux quand nous les trouverons.
L'autre en convient, & différant la fête,
En bons amis ils ſe mettent en quête
De leur maîtreſſe. A peine ils font cent pas,
Que l'un s'écrie, ah la cuiſſe! ah le bras!
L'autre criait la poitrine & la tête,
Et n'ayant plus ces eſprits animaux
Qui vont au cœur & qui font les héros,
Ayant perdu cette ardeur enflammée
Avec leur ſang au combat conſumée,
Tous deux meurtris, faibles & languiſſans,
Sur le gazon tombent en même temps,
Et de leur ſang ils rougiſſent la terre.
Leurs écuiers qui ſuivaient Martinguerre,
Vont à ſa piſte & gagnent le pays.
Les deux héros ſans valets, ſans habits,
Et ſans argent, étendus dans la plaine,
Manquant de tout, croyaient leur fin prochaine;
Lorſqu'une vieille en paſſant vers ces lieux,
Les voyant nuds, s'aprocha plus près d'eux,
En eut pitié, les fit ſur des civiéres
Porter chez elle; & par des reſtaurants
En moins de rien leur rendit tous leurs ſens,
Leurs coloris & leurs forces premiéres.
La bonne vieille en ce lieu reſpecté
Eſt en odeur, qu'on dit de ſainteté;

Devers Ancône il n'eſt point de béate,
Point d'ame ſainte en qui la grace éclate
Par des bienfaits plus ſignalés, plus grands;
Elle prédit la pluïe & le beau temps;
Elle guérit les bleſſures légéres
Avec de l'huile & de ſaintes priéres;
Elle a par fois converti des méchants.
Les paladins à la veille contèrent
Leur avanture, & conſeil demandèrent.
La décrépite alors ſe recueillit,
Pria Marie, ouvrit la bouche & dit,
Allez en paix, aimez tous deux vos belles,
Mais que ce ſoit à bonne intention:
Et gardez-vous de vous tüer pour elles.
Les doux objets de vôtre affection
Sont maintenant à des épreuves rudes;
Je plains leurs maux & vos ſollicitudes;
Habillez-vous; prenez des chevaux frais,
Ne manquez pas le chemin qu'il faut prendre;
Le Ciel par moi daigne ici vous apprendre,
Pour les trouver qu'il faut courir après.
Le Poitevin admira l'énergie
De ce diſcours; & le Breton penſif,
Lui dit, Je crois à vôtre prophétie;
Nous pourſuivrons le voleur fugitif,
Quand nous aurons retrouvé des montures,
Et des pourpoints, & ſurtout des armures.
La vieille dit, On vous en fournira.
Un circoncis par bonheur était là,
Enfant barbu d'Iſâc & de Juda,

Dont

Dont la belle ame a ſervir empreſſée
Faiſait fleurir la gent décrépucée.
Le digne hebreu leur prêta galamment
Deux mille écus à quarante pour cent,
Selon les *us* de la race bénite,
En Canaan par Moïſe conduite :
Et le profit que le Juif s'arrogea,
Entre la ſainte & lui ſe partagea.

CHANT NEUVIEME.

Comment La Trimouille & ſire Arondel retrouvèrent leurs maîtreſſes en Provence; & du cas étrange advenu dans la Sainte Beaume.

DEux Chevaliers qui ſe ſont bien battus,
Soit à cheval, ſoit à la noble eſcrime,
Avec le ſabre ou de longs fers pointus,
De pied en cap tout couverts, ou tout nus,
Ont l'un pour l'autre une ſecrette eſtime;
Et chacun d'eux exalte les vertus,
Et les grands coups de ſon digne adverſaire,
Lorſque ſurtout il n'eſt plus en colère.
Mais s'il advient, après ce beau conflict,
Quelque accident, quelque triſte fortune,
Quelque miſère à tous les deux commune,
Incontinent le malheur les unit:
L'amitié nait de leurs deſtins contraires,
Et deux héros perſécutés ſont frères.
C'eſt ce qu'on vit dans le cas ſi cruel
De la Trimouille & du triſte Arondel.
Cet Arondel reçut de la nature
Une ame altiére, indifférente & dure;

Mais

Mais il fentit fes entrailles d'airain
Se ramollir pour le doux Poitevin.
Et la Trimouille en fe laiffant furprendre
A ces beaux nœuds qui forment l'amitié,
Suivit fon goût : car fon cœur eft né tendre.
Que je me fens, dit-il, fortifié,
Mon cher ami, par vôtre courtoifie!
Ma Dorothée, hélas, me fut ravie;
Vous m'aiderez, au milieu des combats,
A retrouver la trace de fes pas;
J'affronterai les plus cruels trépas,
Pour vous nantir de vôtre Rofomore.
Les deux amans, les deux nouveaux amis,
Partent enfemble : & fur un faux avis
Marchent en hate; & tirent vers Livourne;
Le raviffeur d'un autre côté tourne,
Par un chemin juftement oppofé.
Tandis qu'ainfi le couple fe fourvoye,
Au fcélerat rien ne fut plus aifé
Que d'enlever fa noble & riche proye;
Il la conduit bientôt en fureté
Dans un château des chemins écarté,
Près de la mer, entre Rome & Gayette,
Mazure affreufe, exécrable retraite,
Où l'infolence, & la rapacité;
La gourmandife, & la malpropreté,
L'emportement de l'yvreffe bruïante,
Les démêlés, les combats qu'elle enfante,
La dégoutante & fale impureté,
Qui de l'amour éteint les tendres flammes,

Tous

Tous les excès des plus vilaines ames,
Font voir à l'œil ce qu'eſt le genre humain,
Lorſqu'à lui-même il eſt livré ſans frein.
Du créateur image ſi parfaite,
Or voilà donc comme vous êtes faite!
En arrivant le corſaire effronté
Se met à table, & fait placer les belles
Sans compliment chacune à ſon côté,
Mange, dévore, & boit à leur ſanté.
Puis il leur dit, Voyez, Meſdemoiſelles,
Qui de vous deux couche avec moi la nuit;
Tout m'eſt égal, tout m'eſt bon, tout me duit;
Poil blond, poil noir, Anglaiſe, Italienne,
Petite ou grande, infidèle ou chrêtienne,
Il ne m'importe; & buvons. A ces mots
La rougeur monte à l'aimable viſage
De Dorothée: elle éclate en ſanglots;
Sur ſes beaux yeux il ſe forme un nuage,
Qui tombe en pleurs ſur ce nez fait au tour,
Sur ce menton, où l'on dit que l'amour
Lui fit un creux le careſſant un jour;
Dans la triſteſſe elle eſt enſevelie:
Judith l'Anglaiſe un moment recueillie,
Et regardant le corſaire inhumain,
D'un air de tête & d'un ſouris hautain,
Je veux, dit-elle, avoir ici la joye
Sur le minuit de me voir vôtre proye,
Et l'on ſçaura ce qu'avec un bandit
Peut une Anglaiſe alors qu'elle eſt au lit.
A ce propos le brave Martinguerre

D'un

D'un gros baiser la barbouille, & lui dit,
J'aimai toûjours les filles d'Angleterre.
Il la rebaise, & puis vuide un grand verre;
En vuide un autre, & mange, & boit, & rit,
Et chante, & jure; & sa main effrontée
Sans nul égard se porte impudemment
Sur Rosamore, & puis sur Dorothée.
Celle-ci pleure; & l'autre fiérement,
Sans s'émouvoir, sans changer de visage,
Laisse tout faire au rude personnage;
Enfin de table il sort en bégaiant,
Le pied mal sûr, mais l'œil étincelant,
Avertissant d'un geste de corsaire
Qu'on soit fidèle aux marchés convenus;
Et rayonnant des présents de Bacchus,
Il se prépare aux combats de Cithère.
La Milanaise, avec des yeux confus,
Dit à l'Anglaise, Oserez-vous, ma chère,
Du scélerat consommer le désir ?
Mérite-t-il qu'une beauté si fière
S'abaisse au point de donner du plaisir ?
Je prétend bien lui donner autre chose,
Dit Rosamore; on verra ce que j'ose,
Je sçai venger ma gloire & mes appas.
Je suis fidèle au Chevalier que j'aime.
Sachez que Dieu, par sa bonté suprême,
M'a fait présent de deux robustes bras,
Et que Judith est mon nom de Batême.
Daignez m'attendre en cet indigne lieu,
Laissez-moi faire; & surtout priez Dieu.

Puis

Puis elle part, & va la tête haute
Se mettre au lit à côté de son hôte.
La nuit couvrait d'un voile ténébreux
Les toits pourris de ce repaire affreux.
Des malandrins la grossière cohüe
Cuvait son vain dans la grange étendüe,
Et Dorothée en ces momens d'horreur,
Demeurait seule, & se mourait de peur.
Le boucanier dans la grosse partie
Par où l'on pense, était tout offusqué
De la vapeur des raisins d'Italie;
Moins à l'amour qu'au sommeil provoqué:
Il va pressant d'une main engourdie
Les fiers appas dont son cœur est piqué:
Et la Judith prodiguant ses tendresses
L'envelopait, par ses fausses caresses,
Dans les filets qui lui tendait la mort.
Le dissolu lassé d'un tel effort,
Bâille un moment, tourne la tête, & dort.
A son chevet pendait le cimeterre
Qui fit longtemps redouter Martinguerre;
Nôtre Bretonne aussi-tôt le tira,
En invoquant Judith & Débora, *a*)

Jahel,

a) Il n'est lecteur qui ne connaisse la belle Judith. Débora brave épouse de Lapidoth, défit le Roi Jabin qui avait neuf cent chariots armés de faulx, dans un pays de montagnes où il n'y a aujourd'hui que des ânes. La brave femme Jahel, épouse de Haber, reçut chez elle Sizara Maréchal général de Jabin : elle l'envyra avec du lait, & cloua sa tête à terre d'une tempe à l'autre avec un clou;

Jahel, Aod, & Simon nommé Pierre,
Simon Barjone aux oreilles fatal;
Puis empoignant les crins de l'animal
De sa main gauche, & soulevant la tête,
La tête lourde & le front engourdi
Du mécréant qui ronfle appesanti,
Elle s'ajuste, & sa droite élévée
Tranche le cou du brave débauché;
De sang, de vin la couche est abreuvée;
Le large tronc de son chef détaché
Rougit le front de la noble héroïne,
Par trente jets de liqueur purpurine.
Nôtre amazone alors saute du lit,
Portant en main cette tête sanglante,
Et va trouver sa compagne tremblante,
Qui de ses bras tombe & s'évanouït;
Puis reprenant ses sens & son esprit,
Ah! juste Dieu! quelle femme vous êtes!
Quelle action! quel coup & quel danger!
Où fuirons-nous? Si sur ces entrefaites
Quelqu'un s'éveille, on va nous égorger,
Parlez plus bas, repliqua Rosamore,
Ma mission n'est pas finie encore,

Prenez

c'était un maître clou, & elle une une maîtresse femme. Aod le gaucher alla trouver le Roi Eglon de la part du Seigneur, & lui enfonça un grand couteau dans le ventre avec la main gauche, & aussi-tôt Eglon alla à la selle. Quant à Simon Barjone, il ne coupa qu'une oreille à Malcus, & encor eut-il ordre de remettre l'épée au foureau, ce qui prouve que l'Eglise ne doit point verser le sang.

Prenez courage, & marchez avec moi.
L'autre reprit courage, avec effroi.
Leurs deux amants, errants toûjours loin d'elles,
Couraient partout ſans avoir rien trouvé;
A Gène enfin, l'un & l'autre arrivé,
Ayant par terre en vain cherché leurs belles,
S'en vont par mer à la merci des flots,
Aux quatre vents demander des nouvelles.
Ces quatre vents les portent tour à tour
Tantôt aux bords de cet heureux ſéjour,
Où des chrétiens le pére Apoſtolique
Tient humblement les clefs du Paradis;
Tantôt au fond du golfe Adriatique,
Où le vieux Doge eſt l'époux de Thétis; *b*)
Puis devers Naple au rivage fertile,
Où Sannazar eſt trop près de Virgile. *c*)
Ces Dieux mutins, prompts, aîlés & jouflus,
Qui ne ſont plus les enfants d'Oritie,
Sur le dos bleu des flots qu'ils ont émus,
Les font voguer à ces goufres connus,
Où l'onde amère autrefois engloutie
Par la Caribde, aujourd'hui ne l'eſt plus; *d*)
Où de nos jours on ne peut plus entendre
Les hurlemens des dogues de Scylla;
Où les géants écraſés ſous l'Etna *e*)

Ne

b) On ſait que le Doge de Veniſe épouſe la mer.

c) Sannazar poëte médiocre enterré près de Virgile, mais dans un plus beau tombeau.

d) Autrefois cet endroit paſſait pour un goufre très dangereux.

e) L'Etna ne jette plus de flammes.

Ne jettent plus la flamme avec la cendre;
Tant l'univers avec le temps changea.
Le couple errant non loin de Syracuſe,
Va ſaluer la fontaine Aréthuſe,
Qui dans ſon ſein tout couvert de roſeaux,
De ſon amant ne reçoit plus les eaux. *f*)
Ils ont bientôt découvert le rivage
Où floriſſaient Auguſtin *g*) & Carthage;
Séjour affreux, dans nos jours infecté
Par les fureurs & la rapacité
Des Muſulmans, enfans de l'ignorance.
Enfin le Ciel conduit nos Chevaliers
Aux doux climats de la belle Provence.
Là ſur des bords couronnés d'oliviers,
On voit les tours de Marſeille l'antique,
Beau monument d'un vieux peuple Ionique. *h*)
Noble cité, Grecque & libre autrefois;
Tu n'as plus rien de ce double avantage;
Il eſt plus beau de ſervir ſous nos Rois;
C'eſt, comme on ſçait, un bienheureux partage.
Mais tes confins poſſédent un tréſor
Plus merveilleux, plus ſalutaire encor.
Chacun connait la belle Magdelaine,
Qui de ſon temps ayant ſervi l'amour,
Servit le Ciel, étant ſur le retour,
Et qui pleura ſa vanité mondaine.

Elle

f) Le paſſage ſouterrain du fleuve Alphée juſqu'à la fontaine Arethuſe, eſt reconnu pour une fable.

g) St. Auguſtin était Evêque d'Hippone.

h) Les Phocéens.

Elle partit des rives du Jourdain,
Pour s'en aller au païs de Provence,
Et se fessa longtemps par pénitence,
Au fond d'un creux du roc de Maximin. *i*)
Depuis ce temps un baume tout divin
Parfume l'air qu'en ces lieux on respire..
Plus d'une fille, & plus d'un pélerin,
Grimpe au rocher, pour abjurer l'empire
Du Dieu d'amour, qu'on nomme esprit malin.
On tient qu'un jour la pénitente Juive
Prete à mourir, requit une faveur
De Maximin son pieux directeur.
Obtenez-moi, si jamais il arrive
Que sur mon roc une paire d'amants
En rendez-vous viennent passer leur temps,
Leurs feux impurs dans tous les deux s'éteignent,
Et qu'une forte & vive aversion
Soit de leurs cœurs la seule passion.
Ainsi parla la sainte avanturiére.
Son confesseur exauça sa priére.
Depuis ce temps ces lieux sanctifiés
Vous font haïr les gens que vous aimiez.
Les paladins ayant bien vû Marseilles,
Son port, sa rade, & toutes les merveilles
Dont les bourgeois rebattaient leurs oreilles,
Furent requis de visiter le Roc,
Ce roc fameux, surnommé Sainte Beaume,
Tant

i) Le rocher de St. Maximin est tout auprès; c'est le chemin de la Ste. Beaume.

Tant célébré chez la gent porte-froc,
Et dont l'odeur parfumait le Royaume :
Le beau Français y va par pieté,
Le fier Anglais par curiosité.
En graviſſant ils virent près du Dôme,
Sur les degrés dans ce roc pratiqués,
Des voyageurs à prier appliqués.
Dans cette troupe étaient deux voyageuſes,
L'une à genoux, mains jointes, cou tendu,
L'autre debout, & des plus dédaigneuſes.
O doux objets ! moment inattendu !
Ils ont tous deux reconnu leurs maîtreſſes !
Les voilà donc pécheurs & pécheresſes,
Dans ce parvis ſi funeſte aux amours.
En peu de mots l'Anglaiſe leur raconte
Comment ſon bras par le divin ſecours
Sur Martinguerre a ſçû venger ſa honte.
Elle eut le ſoin dans ce péril urgent
De ſe ſaiſir d'une bourſe aſſez ronde
Qu'avait le mort : attendu que l'argent
Eſt inutile aux gens de l'autre monde.
Puis franchiſſant dans l'horreur de la nuit
Les murs mal clos de cet affreux réduit,
Le ſabre au poing vers la prochaine rive
Elle a conduit ſa compagne craintive,
Elle a monté ſur un leger eſquif,
Et réveillant motelots, capitaine,
En bien payant, le couple fugitif
A navigé ſur la mer de Tyrrenne.
Enfin des vents le ſort capricieux,

Ou bien le Ciel qui fait tout pour le mieux,
Les met tous quatre aux pieds de Magdelaine.
O grand miracle ! ô vertu souveraine !
A chaque mot que prononçait Judith,
De son amant le grand cœur s'affadit;
Ciel quel dégout ! & bientôt quelle haine,
Succéde aux traits du plus charmant amour !
Il est payé d'un semblable retour.
Ce la Trimouille à qui sa Dorothée
Parut longtemps plus belle que le jour,
La trouve laide, imbécille, affectée,
Gauche, maussade, & lui tourne le dos.
La belle en lui voyait le Roi des sots,
Le détestait & détournait la vüe;
Et Magdelaine au milieu d'une nuë
Goûtait en paix la satisfaction
D'avoir produit cette conversion.
Mais Magdelaine, hélas ! fut bien déçüe,
Car elle obtint des saints du Paradis,
Que tout amant venu dans son logis
N'aimerait plus l'objet de ses faiblesses,
Tant qu'il serait dans ces rochers bénis.
Mais dans ses vœux la sainte avait omis
De stipuler que les amans guéris
Ne prendraient pas de nouvelles maîtresses.
Saint Maximin ne prévit point le cas,
Dont il advint que l'Anglaise infidelle
Au Poitevin tendit ses deux beaux bras,
Et qu'Arondel jouït des doux appas
De Dorothée, & fut enchanté d'elle.

L'abbé

L'abbé Tritême à même prétendu
Que Magdelaine à ce troc imprévu
Du haut du Ciel s'était miſe à ſourire.
On peut le croire, & la juſtifier.
La vertu plait : mais malgré ſon empire,
On a du goût pour ſon premier métier.
Il arriva que les quatre parties
De ſainte Beaume à peine étaient ſorties,
Que le miracle alors n'opéra plus.
Il n'a d'effet que dans l'auguſte enceinte,
Et dans le creux de cette roche ſainte.
Au bas du mont la Trimouille confus
D'avoir haï quelque temps Dorothée,
Rendant juſtice à ſes touchants attraits
La retrouva plus tendre que jamais,
Plus que jamais elle s'en vit fêtée ;
Et Dorothée en proye à ſa douleur,
Par ſon amour expia ſon erreur,
Entre les bras du héros qu'elle adore.
Sire Arondel reprit ſa Roſamore,
Dont le couroux fut bientôt déſarmé.
Chacun aima comme il avait aimé :
Et je puis dire encore que Magdelaine
En les voyant leur pardonna ſans peine.
Le dur Anglais, l'aimable Poitevin,
Ayant chacun leur héroïne en croupe,
Vers Orléans prirent leur droit chemin,
Tous deux brulants de rejoindre leur troupe,
Et de venger l'honneur de leur païs.
Diſcrets amants, généreux ennemis,

Ils voyageaient comme de vrais amis.
Sans déformais fe faire de querelles,
Ni pour leurs Rois, ni même pour leurs belles.

CHANT DIXIEME.

Agnès Sorel pourfuivie par l'Aumonier de Jean Chandos. Regrets de fon amant, &c. Ce qui advint à la belle Agnès dans un Couvent.

EH quoi toûjours clouer une préface
A tous mes chants? la morale me laffe;
Un fimple fait conté naïvement,
Ne contenant que la vérité pure,
Narré fuccinct, fans frivole ornement,
Point trop d'efprit, aucun rafinement,
Voilà de quoi défarmer la cenfure.
Allons au fait, Lecteur, tout rondement,
C'eft mon avis. Tableau d'après nature,
S'il eft bien fait, n'a befoin de bordure.
Le bon Roi Charle allant vers Orléans,
Enflait le cœur de fes fiers combattans,
Les rempliffait de joye & d'efpérance,
Et relevait le deftin de la France.

Il ne parlait que d'aller aux combats;
Il étalait une fiere allégresse;
Mais en secret il soupirait tout bas,
Car il était absent de sa maîtresse.
L'avoir laissée, avoir pû seulement
De son Agnès s'écarter un moment,
C'était un trait d'une vertu suprême,
C'était quitter la moitié de soi-même.
 Lorsqu'il fut seul en sa chambre enfermé,
Et qu'en son cœur il eut un peu calmé
L'emportement du Démon de la gloire;
L'autre Démon qui préside à l'amour,
Vint à ses sens s'expliquer à son tour;
Il plaidait mieux; il gagna la victoire.
D'un air distrait le bon Prince écouta
Tous les propos dont on le tourmenta:
Puis en sa chambre en secret il alla,
Où d'un cœur triste & d'une main tremblante
Il écrivit une lettre touchante,
Que de ses pleurs tendrement il mouilla;
Pour les sécher Bonneau n'était pas là.
Certain butor, Gentilhomme ordinaire,
Fut dépéché chargé du doux billet.
Une heure après, ô douleur trop amère!
Nôtre courier raporte le poulet.
Le Roi saisi d'une crainte mortelle,
Lui dit, Hélas! pourquoi donc reviens-tu?
Quoi mon billet?... Sire, tout est perdu,
Sire, armez vous de force & de vertu.
Les Anglais,... Sire,... ah tout est confondu.

Sire... ils ont pris Agnès & la Pucelle.
A ce propos dit ſans ménagement,
Le Roi tomba, perdit tout ſentiment,
Et de ſes ſens il ne reprit l'uſage
Que pour ſentir l'effet de ſon tourment.
Contre un tel coup quiconque a du courage,
N'eſt pas ſans doute un véritable amant:
Le Roi l'était; un tel événement
Le tranſperçait de douleur & de rage.
Ses Chevaliers perdirent tous leurs ſoins
A l'arracher à ſa douleur cruelle;
Charle fut prêt d'en perdre la cervelle.
Son pére hélas! devint fou pour bien moins.
Ah! cria-t-il, que l'on m'enléve Jeanne,
Mes Chevaliers, tous mes gens à ſoutanne,
Mon Directeur, & le peu de pays
Que m'ont laiſſé mes deſtins ennemis!
Cruels Anglais, ôtez-moi plus encore,
Mais laiſſez-moi ce que mon cœur adore.
Amour, Agnès, Monarque malheureux!
Que fais-je ici, m'arrachant les cheveux?
Je l'ai perdüe, il faudra que j'en meure.
Je l'ai perdüe, & pendant que je pleure,
Peut-être hélas quelqu'inſolent Anglais
A ſon plaiſir ſubjugue ſes attraits,
Nés ſeulement pour des baiſers Français.
Une autre bouche à tes lévres charmantes
Pourrait ravir ces faveurs ſi touchantes?
Une autre main careſſer tes beautés?
Une autre... ô Ciel! que de calamités!

Et

Et qui ſait même en ce moment terrible,
A leurs plaiſirs ſi tu n'ès pas ſenſible !
Qui ſait hélas ſi ton tempérament
Ne trahit pas ton malheureux amant !
Le triſte Roi, de cette incertitude
Ne pouvant plus ſouffrir l'inquiétude,
Va ſur ce cas conſulter les Docteurs,
Nécromanciens, Devins, Sorboniqueurs,
Juifs, Jacobins, quiconque ſavait lire. *a*)
  Meſſieurs, dit-il, il convient de me dire
Si mon Agnès eſt fidèle à ſa foi,
Si pour moi ſeul ſa belle ame ſoupire ;
Gardez-vous bien de tromper vôtre Roi ;
Dites-moi tout ; de tout il faut m'inſtruire.
Eux bien payés conſultèrent ſoudain,
En Grec, Hébreu, Siriaque, Latin ;
L'un du Roi Charle examine la main,
L'autre en quarré deſſine une figure ;
Un autre obſerve & Vénus & Mercure ;
Un autre va ſon Pſautier parcourant,
Diſant *amen* & tout bas murmurant.
Cet autre-ci regarde au fond d'un verre,
Et celui-là fait des cercles à terre :
Car c'eſt ainſi que dans l'antiquité
On a toûjours cherché la vérité.

a) Ces ſortes de divinations étaient fort uſitées ; nous voyons même que le Roi Philippe III. envoya un Evêque & un Abbé à une beguine de Nivelle auprès de Bruxelles, grande devinereſſe, pour ſavoir ſi Marie de Brabant ſa femme lui était fidèle.

Aux yeux du Prince ils travaillent, ils ſuent ;
Puis louant Dieu tous enſemble ils concluent
Que ce grand Roi peut dormir en repos,
Qu'il eſt le ſeul parmi tous les Héros
A qui le Ciel par ſa grace infinie,
Daigne octroyer une fidèle amie ;
Qu'Agnès eſt ſage, & fuit tous les Amans.
Puis fiez-vous à Meſſieurs les Savants.
Cet Aumonier terrible, inéxorable,
Avait ſaiſi le moment favorable :
Malgrè les cris, malgré les pleurs d'Agnès,
Il triomphait de ſes jeunes attraits,
Il raviſſait des plaiſirs imparfaits ;
Volupté triſte & fauſſe jouïſſance,
Honteux plaiſirs qu'amour ne connait pas :
Car qui voudrait tenir entre ſes bras
Une beauté qui détourne la bouche,
Qui de ſes pleurs inonde votre couche ?
Un honnête homme a bien d'autre déſirs :
Il n'eſt heureux qu'en donnant des plaiſirs.
Un Aumonier n'eſt pas ſi difficile :
Il va piquant ſa monture indocile,
Sans s'informer ſi le jeune tendron
Sous ſon émpire a du plaiſir ou non.
Le page aimable, amoureux & timide,
Qui dans le bourg était allé courir,
Pour dignement honorer & ſervir
La Déïté qui de ſon ſort décide,
Revint enfin. Las il revint trop tard.
Il rentre, il voit le damné de frapart,

Qui

Qui tout en feu dans ſa brutale joye
Se démenait & dévorait ſa proye.
Le beau Monroſe à cet objet fatal
Le fer en main vole ſur l'animal,
Du Chapelain l'impudique furie
Céde au beſoin de défendre ſa vie;
Du lit il ſaute; il empoigne un bâton;
Il s'en excrime, il accolle le page.
Chacun des deux eſt brave champion.
Monroſe eſt plein d'amour & de courage,
Et l'Aumonier du luxure & de rage.
 Les gens heureux qui goûtent dans les champs
La douce paix, fruit des jours innocens,
On vû ſouvent près de quelque bocage
Un loup cruel affamé de carnage,
Qui de ſes dents déchire la toiſon
Et boit le ſang d'un malheureux mouton.
Si quelque chien à l'oreille écourtée,
Au cœur ſuperbe, à la gueule endentée,
Vient comme un trait tout prêt à guerroyer,
Incontinent l'animal carnaſſier
Laiſſe tomber de ſa gueule écumante
Sur le gazon la victime innocente;
Il court au chien, qui ſur lui s'élançant,
A l'ennemi livre un combat ſanglant;
Le loup mordu, tout bouillant de colère,
Croit étrangler ſon ſuperbe adverſaire;
Et le mouton palpitant auprès d'eux,
Fait pour le chien de très ſincères vœux.
C'était ainſi que l'Aumônier nerveux

D'un

D'un cœur farouche & d'un bras formidable
Se débattait contre le page aimable;
Tandis qu'Agnès demi morte de peur
Restait au lit, digne prix du vainqueur.
L'hôte & l'hôtesse, & toute la famille,
Et les valets, & la petite fille,
Montent au bruit; on se jette entre deux:
On fit sortir l'Aumonier scandaleux;
Et contre lui chacun fut pour le page:
Jeunesse, & grace on partout l'avantage.
Le beau Monrose eut donc la liberté
De rester seul auprès de sa beauté;
Et son rival hardi dans sa détresse,
Sans s'étonner alla chanter sa Messe.
Agnès honteuse, Agnès au désespoir
Qu'un Sacristain à ce point l'eût polluë,
Et plus encor qu'un beau page l'eût vüe
Dans le combat indignement vaincüe,
Versait des pleurs, & n'osait plus le voir.
Elle eût voulu que la mort la plus prompte
Fermat ses yeux & terminat sa honte;
Elle disait dans son grand désarroi,
Pour tout discours, Ah! Monsieur, tuez-moi.
Qui vous, mourir? lui répondit Monrose,
Je vous perdrais! ce Prêtre en serait cause?
Ah! croyez-moi, si vous aviez péché,
Il faudrait vivre & prendre patience.
Est-ce à nous deux de faire pénitence?
D'un vain remords vôtre cœur est touché,
Divine Agnès: quelle erreur est la vôtre,

De vous punir pour le péché d'un autre?
Si ſon diſcours n'était pas éloquent,
Ses yeux l'étaient; un feu tendre & touchant
Inſinuait à la belle attendrie,
Quelque déſir de conſerver ſa vie.
  Falut diner : car malgré nos chagrins;
Chétifs mortels (j'en ai l'expérience)
Les malheureux ne font point abſtinence:
En enrageant on fait encor bombance.
Voilà pourquoi tous ces auteurs divins,
Ce bon Virgile, & ce bavard d'Homère,
Que tout ſavant même en bâillant révère,
Ne manquent point au milieu des combats
L'occaſion de parler d'un repas.
La belle Agnès dina donc tête à tête,
Près de ſon lit, avec ce page honnête.
Tous deux d'abord également honteux,
Sur leur aſſiéte arrêtaient leurs beaux yeux;
Puis enhardis tous deux ſe regardèrent,
Et puis enfin tous deux ils ſe lorgnèrent.
  Vous ſavez bien que dans la fleur des ans,
Quand la ſanté brille dans tous vos ſens,
Qu'un bon diner fait couler dans vos veines
Des paſſions les ſemences ſoudaines;
Tout vôtre cœur céde au beſoin d'aimer:
Vous vous ſentez doucement enflammer
D'une chaleur bénigne & pétillante:
La chair eſt faible, & le Diable vous tente.
  Le beau Monroſe en ces tems dangereux
Ne pouvant plus commander à ſes feux,

Se jette aux pieds de la belle éplorée :
O cher objet, ô maîtresse adorée !
C'est à moi seul désormais de mourir :
Ayez pitié d'un cœur soumis & tendre ;
Quoi, mon amour ne pourrait obtenir
Ce qu'un barbare a bien osé vous prendre !
Ah ! si le crime a pû le rendre heureux,
Que devez-vous à l'amour vertueux !
C'est lui qui parle, & vous devez l'entendre.
Cet argument paraissait assez bon.
Agnès sentit le poids de la raison.
Une heure encore elle osa se défendre.
Elle voulut reculer son bonheur,
Pour accorder le plaisir & l'honneur ;
Sachant très bien qu'un peu de résistance
Vaut encor mieux que trop de complaisance.
Monrose enfin, Monrose fortuné,
Eut tous les droits d'un amant couronné ;
Du vrai bonheur il eut la jouissance.
Du Prince Anglais la gloire & la puissance
Ne s'étendait que sur des Rois vaincus,
Le fier Henri n'avait pris que la France,
Le lot du page était bien au dessus.
Mais que la joye est trompeuse & légère !
Que le bonheur est chose passagère !
Le charmant page à peine avait gouté
De ce torrent de pure volupté,
Que des Anglais arrive une cohorte.
On monte, on entre, on enfonce la porte.
Couple enyvré des caresses d'amour,

C'est

C'eſt l'Aumonier qui vous joua ce tour.
La douce Agnès de crainte évanouïe,
Avec Monroſe eſt auſſi-tôt ſaiſie ;
C'eſt à Chandos qu'on prétend les mener.
A quoi Chandos va-t-il les condamner ?
Tendres amants, vous craignez ſa vengeance,
Vous ſavez trop par vôtre expérience,
Que cet Anglais eſt ſans compaſſion.
Dans leurs beaux yeux eſt la confuſion ;
Le déſeſpoir les preſſe & les dévore ;
Et cependant ils ſe lorgnaient encore.
Ils rougiſſaient de s'être fait heureux.
A Jean Chandos que diront-ils tous deux ?
Dans le chemin advint que de fortune
Ce corps Anglais rencontra ſur la brune
Vingt Chevaliers qui pour Charle tenaient,
Et qui de nuit en ces quartiers rodaient,
Pour découvrir ſi l'on avait nouvelle
Touchant Agnès & touchant la Pucelle.
Quand deux mâtins, deux coqs & deux amants
Nez contre nez ſe rencontrent aux champs,
Lorſqu'un ſupôt de la grace efficace
Trouve un col tors de l'école d'Ignace ;
Quand un enfant de Luther ou Calvin
Voit par hazard un prêtre ultramontain ;
Sans perdre tems un grand combat commence,
A coups de gueule ou de plume ou de lance.
Semblablement les gendarmes de France,
Tout de plus loin qu'ils virent les Bretons,
Fondent deſſus légers comme faucons.

Les

Les gens Anglais ſont gens qui ſe déffendent,
Mille beaux coups ſe donnent & ſe rendent.
Le fier courſier qui nôtre Agnès portait,
Etait actif, jeune, fringuant comme elle.
Il ſe cabrait, il ruait, il tournait:
Agnès allait ſautillant ſur la ſelle.
Bientôt au bruit des cruels combattans
Il s'éffarouche; il prend le mords aux dents.
Agnès en vain veut d'une main timide
Le gouverner dans ſa courſe rapide,
Elle eſt trop faible: il lui falut enfin,
A ſon cheval remettre ſon deſtin.
Le beau Monroſe au fort de la mêlée
Ne peut ſavoir où ſa Nimphe eſt allée;
Le Courſier vole auſſi promt que le vent,
Et ſans relâche ayant couru ſix mille,
Il s'arrêta dans un vallon tranquille,
Tout vis-à-vis la porte d'un couvent.
Un bois était près de ce monaſtère:
Auprès du bois une onde vive & claire
Fuit & revient, & par de longs détours
Parmi des fleurs elle pourſuit ſon cours.
Plus loin s'éléve une colline verte,
A chaque Automne enrichie & couverte
Des doux préſents dont Noé nous dotta,
Lors qu'à la fin ſon grand côffre il quitta,
Pour réparer du genre humain la perte,
Et que laſſé du ſpectacle de l'eau,
Et fit du vin par un art tout nouveau.
Flore & Pomone, & la féconde haleine

Des

Des doux Zéphirs parfument ces beaux champs ;
Sans se lasser, l'œil charmé s'y promène.
Le Paradis de nos premiers Parens
N'avait point eu de vallons plus riants,
Plus fortunés, & jamais la nature
Ne fut plus belle & plus riche & plus pure.
L'air qu'on respire en ces lieux écartés,
Porte la paix dans les cœurs agités,
Et des chagrins calmant l'inquiétude,
Fait aux mondains aimer la solitude.
  Au bord de l'onde Agnès se reposa,
Sur le couvent ses deux beaux yeux fixa,
Et de ses sens le trouble s'appaisa.
C'était, lecteur, un couvent de nonnettes.
Ah! dit Agnès, adorables retraites!
Lieux où le Ciel a versé ses bienfaits,
Séjour heureux d'innocence & de paix!
Hélas du Ciel la faveur infinie
Peut-être ici me conduit tout exprès,
Pour y pleurer les erreurs de ma vie.
De chastes Sœurs, épouses de leur Dieu,
De leurs vertus embaument ce beau lieu,
Et moi fameuse entre les pécheresses,
J'ai consumé mes jours dans les faiblesses.
Agnès ici parlant à haute voix,
Sur le portail aperçut une croix:
Elle adora d'humilité profonde
Ce signe heureux du salut de ce monde ;
Et se sentant quelque componction,
Elle comptait s'en aller à confesse ;

Car

Car de l'amour à la dévotion
Il n'eſt qu'un pas: l'un & l'autre eſt faibleſſe.
Or du Moutier la vénérable Abbeſſe
Depuis deux jours était allée à Blois,
Pour du couvent y ſoutenir les droits.
Ma ſœur Beſogne avait en ſon abſence
Du ſaint troupeau la bénigne intendance.
Elle accourut au plus vite au parloir,
Puis fit ouvrir pour Agnès recevoir.
Entrez, dit-elle, aimable voyageuſe,
Quel bon patron, quelle fête joyeuſe
Peut amener au pied de nos autels
Cette beauté dangereuſe aux mortels?
Seriez-vous point quelqueAnge ou quelqueSainte,
Qui des hauts Cieux abandonne l'enceinte,
Pour ici-bas nous faire la faveur
De conſoler les filles du Seigneur?
Agnès répond; C'eſt pour moi trop d'honneur;
Je ſuis, ma ſœur, une pauvre mondaine;
De grands péchés mes beaux jours ſont ourdis;
Et ſi jamais je vais en Paradis,
Je n'y ſerai qu'auprès de Magdelaine.
De mon deſtin le caprice fatal,
Dieu, mon bon Ange, & ſurtout mon cheval,
Ne ſai comment en ces lieux m'ont portée;
De grands remords mon ame eſt agitée;
Mon cœur n'eſt point dans le crime endurci,
J'aime le bien, j'en ai perdu la trace,
Je le retrouve, & je ſens que la grace
Pour mon ſalut veut que je couche ici.

Ma

Ma sœur Besogne avec douceur prudente
Encouragea la belle pénitente;
Et de la grace exaltant les attraits,
Dans sa cellule elle conduit Agnès;
Cellule propre & bien illuminée,
Pleine de fleurs & galamment ornée,
Lit ample & doux : on dirait que l'amour
A de ses mains arrangé ce séjour.
Agnès tout bas louant la Providence,
Vit qu'il est doux de faire pénitence.
Après soupé (car je n'omettrai point
Dans mes récits ce noble & digne point;)
Besogne dit à la belle étrangère,
Il est nuit close, & vous savez, ma chère,
Que c'est le tems où les esprits malins *b*)
Rodent par tout, & vont tenter les Saints.
Il nous faut faire une œuvre profitable;
Couchons ensemble, afin que si le Diable
Veut contre nous faire ici quelque effort,
Nous trouvant deux, le Diable en soit moins fort.
La Dame errante accepta la partie:
Elle se couche, & croit faire œuvre pie,
Croit qu'elle est sainte, & que le Ciel l'absout;
Mais son destin la poursuivait partout.
Puis-je au Lecteur raconter sans vergogne.
Ce que c'était que cette sœur Besogne?

b) Ce ne fut jamais que pendant la nuit que les Lémures, les Larves, les bons & mauvais génies apparurent; il en était de même de nos farfadets; le chant du coq les faisait tous disparaître.

Il faut le dire, il faut tout publier.
Ma sœur Besogne était un Bachelier,
Qui d'un Hercule eut la force en partage,
Et d'Adonis le gracieux visage,
N'ayant encor que vingt ans & demi,
Blanc comme lait, & frais comme rosée;
La Dame Abbesse, en personne avisée,
En avait fait depuis peu son ami.
Sœur Bachelier vivait dans l'Abbaye,
En cultivant son ouaille jolie.
Ainsi qu'Achille en fille déguisé
Chez Licoméde était favorisé
Des doux baisers de sa Déidamie.
La pénitente était à peine au lit
Avec sa sœur, soudain elle sentit
Dans la nonnain métamorphose étrange.
Assurément elle gagnait au change.
Crier, se plaindre, éveiller le couvent,
N'aurait été qu'un scandale imprudent.
Souffrir en paix, soupirer & se taire,
Se résigner est tout ce qu'on peut faire.
Puis rarement en telle occasion
On a le tems de la réflexion.
Quand sœur Besogne à sa fureur claustrale,
(Car on se lasse) eut mis quelque intervale,
La belle Agnès, non sans contrition,
Fit en secret cette réfléxion.
C'est donc en vain que j'eus toûjours en tête
Le beau projet d'être une femme honnête,
C'est donc en vain que l'on fait ce qu'on peut.
N'est pas toûjours femme de bien qui veut.

CHANT ONZIEME.

Les Anglais violent le Couvent : Combat de Saint George Patron d'Angleterre contre Saint Denis Patron de la France.

JE vous dirai, ſans harangue inutile,
Que le matin nos deux charmants reclus
Laſſés tous deux de plaiſirs deffendus,
S'abandonnaient, l'un vers l'autre étendus,
Au doux repos d'une yvreſſe tranquille.
Un bruit affreux dérangea leur ſommeil.
De tous côtés le flambeau de la guerre,
L'horrible mort éclaire leur réveil :
Près du couvent le ſang couvrait la terre.
Cet eſcadron de Malandrins Anglais
Avait battu cet eſcadron Français.
Ceux-ci s'on vont à travers de la plaine,
Le fer en main, ceux-là volent après,
Frapant, tuant, criant tous hors d'haleine,
Mourez ſur l'heure, ou rendez-nous Agnès ;
Mais aucun d'eux n'en ſçavait des nouvelles.
Le vieux Colin, Paſteur de ces Cantons,
Leur dit, Meſſieurs, en gardant mes moutons,

Je vis hier le miracle des belles,
Qui vers le foir entrait en ce Moutier;
Lors les Anglais fe mirent à crier;
Ah! c'eft Agnès, n'en doutons point, c'eft elle;
Entrons, amis; la cohorte cruelle
Saute à l'inftant deffus ces murs bénis.
Voilà les loups au milieu des brebis.
  Dans le dortoir, de cellule en cellule,
A la chapelle, à la cave, en tout lieu,
Ces ennemis des fervantes de Dieu,
Attaquent tout fans honte & fans fcrupule.
Ah! fœur Agnès, fœur Maton, fœur Urfule,
Où courez-vous, levant les mains aux Cieux,
Le trouble au fein, la mort dans vos beaux yeux?
Où fuyez-vous, colombes gémiffantes?
Vous embraffez, interdites, tremblantes,
Ce faint autel, afile redouté,
Sacré garant de vôtre chafteté.
C'eft vainement, dans ce péril funefte,
Que vous criez à vôtre époux célefte.
A fes yeux même, à ces mêmes autels,
Tendres troupeaux, vos raviffeurs cruels
Vont profaner la foi pure & facrée
Qu'innocemment vôtre bouche a jurée.
  Je fçai qu'il eft des lecteurs bien mondains,
Gens fans pudeur, ennemis des nonnains,
Mauvais plaifants, de qui l'efprit frivole
Ofe infulter aux filles qu'on viole;
Laiffons les dire; hélas, mes chéres fœurs,
Qu'il eft affreux pour de fi jeunes cœurs,

Pour

Pour des beautés si simples, si timides,
De se débatre en des bras homicides,
De recevoir les baisers dégoutans
De ces félons de carnage fumants,
Qui d'un effort détestable & farouche,
Les yeux en feu, le blasphême à la bouche,
Mêlant l'outrage avec la volupté,
Vous font l'amour avec férocité!
De qui l'haleine horrible, empoisonnée,
La barbe dure & la main forcénée,
Le corps hideux, le bras noir & sanglant,
Semblent donner la mort en caressant,
Et qu'on prendrait, dans leurs fureurs étranges,
Pour des démons qui violent des Anges!
Déja le crime aux regards effrontés
A fait rougir ces pudiques beautés.
Sœur Rebondi, si dévote & si sage,
Au fier Shipunk est tombée en partage.
Le dur Barclay, l'incrédule Warton,
Sont tous les deux après sœur Amidon.
On pleure, on prie, on jure, on presse, on cogne.
Dans le tumulte on voyait sœur Besogne
Se débatant contre Bard & Parson.
Ils ignoraient que Besogne est garçon.
Aimable Agnès, dans la troupe affligée
Vous n'étiez pas pour être négligée:
Et votre sort, objet charmant & doux,
Est à jamais de pécher malgré vous.
Le chef sanglant de la gent sacrilège,
Hardi vainqueur, vous presse, & vous assiége,

Et les ſoldats ſoumis dans leur fureur,
Avec reſpect lui cédaient cet honneur.
  Le juſte Ciel en ſes décrets ſévères,
Met quelquefois un terme à nos miſères:
Car dans le tems que Meſſieurs d'Albion
Avaient placé l'abomination
Tout au milieu de la ſainte Sion,
Du haut des cieux la patron de la France,
Le bon Denîs propice à l'innocence,
Sçut échaper aux ſoupçons inquiets
Du fier Saint George ennemi des Français.
Du Paradis il vint en diligence:
Mais pour deſcendre au terreſtre ſéjour,
Plus ne monta ſur un rayon du jour;
Sa marche alors aurait paru trop claire.
Il s'en alla vers le Dieu du miſtère, *a*)
Dieu ſage & fin, grand ennemi du bruit,
Qui partout vole & ne va que de nuit.
Il favoriſe (& certes c'eſt dommage)
Force fripons; mais il conduit le ſage;
Il eſt ſans ceſſe à l'égliſe, à la cour;
Au tems jadis il a guidé l'amour.
Il mit d'abord au milieu d'un nuagé
Le bon Denis; puis il fit le voyage

Par

a) On ne connait point dans l'antiquité le Dieu du miſtère, c'eſt, ſans doute une invention de nôtre auteur, une allégorie. Il y avait pluſieurs ſortes de miſtères chez les Gentils, au raport de Pauſanias, de Porphire, de Lactance, d'Aulus Gellius, d'Apuleius &c. mais ce n'eſt pas de cela dont il s'agit ici.

Par un chemin ſolitaire, écarté,
Parlant tout bas, & marchant de côté.
Des bons Français le protecteur fidèle
Non loin de Blois rencontra la pucelle,
Qui ſur le dos de ſon gros muletier
Gagnait pays par un petit ſentier,
En priant Dieu qu'une heureuſe avanture
Lui fit enfin retrouver ſon armure.
Tout du plus loin que Saint Denis la vit,
D'un ton bénin le bon Patron lui dit :
O ma pucelle, ô vierge deſtinée
A protéger les filles & les Rois,
Vien ſecourir la pudeur aux abois :
Vien reprimer la rage forcenée,
Vien ; que ce bras vengeur des fleurs de lys
Soit le ſauveur de mes tendrons bénis,
Voi ce couvent ; le tems preſſe, on viole :
Vien, ma pucelle ; il dit & Jeanne y vole,
Le cher Patron lui ſervant d'écuier,
A coups de fouet hâtait le muletier.
Vous voici, Jeanne, au milieu des infames,
Qui tourmentaient ces vénérables Dames.
Jeanne était nue ; un Anglais impudent
Vers cet objet tourne ſoudain la tête,
Il la convoite : il penſe fermement
Qu'elle venait pour être de la fête.
Vers elle il court, & ſur ſa nudité
Il va cherchant la ſale volupté.
On lui répond d'un coup de cimeterre
Droit ſur le nez. L'infame roule à terre,

 Jurant

Jurant ce mot des Français révéré,
Mot énergique, au plaisir consacré,
Mot que souvent le profane vulgaire
Indignement prononce en sa colère.
  Jeanne à ses pieds foulant son corps sanglant,
Criait tout haut à ce peuple méchant :
Cessez, cruels, cessez, troupe profane ;
O violeurs, craignez Dieu, craignez Jeanne.
Ces mécréans au grand œuvre attachés,
N'écoutaient rien, sur leurs nonnains juchés ;
Tels des ânons broutent des fleurs naissantes
Malgré les cris du maître & des servantes.
Jeanne qui voit leurs impudents travaux,
De grande horreur saintement transportée,
Invoquant Dieu, de Denis assistée,
Le fer en main vole de dos en dos,
De nuque en nuque, & d'échine en échine,
Frapant, perçant de sa pique divine ;
Pourfendant l'un alors qu'il commençait,
Dépêchant l'autre alors qu'il finissait,
Et moissonnant la cohorte félonne ;
Si que chacun fut percé sur sa nonne,
Et perdant l'ame au fort de son désir,
Allait au Diable en mourant de plaisir.
  Isac Warton, dont la lubrique rage
Avait pressé son détestable ouvrage,
Ce dur Warton fut le seul écuier,
Qui de sa nonne osa se délier,
Et droit en pied reprenant son armure,
Attendit Jeanne & changea de posture.

O vous, grand ſaint protecteur de l'état,
Bon Saint Denis, témoin de ce combat,
Daignez redire à ma muſe fidèle
Ce qu'à vos yeux fit alors ma pucelle.
Jeanne d'abord frémit, s'émerveilla;
Mon cher Denis! mon Saint, que vois-je là?
Mon corſelet, mon armure céleſte,
Ce beau préſent que tu m'avais donné,
Brille à mes yeux au dos de ce damné?
Il a mon caſque; il a ma ſoubreveſte.
Il était vrai; la Jeanne avait raiſon.
La belle Agnès en troquant de jupon,
De cette armure en ſecret habillée,
Par Jean Chandos fut bientôt dépouillée.
Iſâc Warton écuier de Chandos,
Prit cet armure & s'en couvrit le dos.
O Jeanne d'Arc, ô fleur des héroïnes,
Tu combattais pour tes armes divines,
Pour ton grand Roi ſi longtems outragé,
Pour [illegible] pudeur de cent bénédictines,
Pour Saint Denis de leur honneur chargé.
Denis la voit qui donne avec audace
Cent coups de ſabre à ſa propre cuiraſſe,
A ſon armet d'une aigrette ombragé.
Au mont Etna dans leur forge brulante,
Du noir Vulcain les borgnes compagnons
Font retentir l'enclume étincelante
Sous des marteaux moins peſants & moins promps,
En préparant au maître du tonnerre
Son gros canon trop bravé ſur la terre.

Le

Le fier Anglais de fer enharnaché
Recule un pas; ſon ame eſt ſtupéfaite,
Quand il ſe voit ſi rudement touché
Par une jeune & fringante brunette.
La voyant nue il avait des remords:
Sa main tremblait de bleſſer ce beau corps.
Il ſe défend, & combat en arrière,
De l'ennemie admirant les tréſors,
Et ſe moquant de ſa vertu guerrière.
Saint George alors au ſein du Paradis
Ne voyant plus ſon confrére Denis,
Se douta bien que le Saint de la France
Portait aux ſiens ſa divine aſſiſtance.
Il promenait ſes regards inquiets
Dans les recoins du céleſte Palais.
Sans balancer auſſi-tôt il demande
Son beau cheval connu dans la Légende,
Le cheval vint; George le bien monté, *b*)
La lance au poing, & le ſabre au côté,
Va parcourant cet effroyable eſpace,
Que des humains veut meſurer l'audace;
Ces cieux divers, ces globes lumineux
Que fait tourner René le ſonge-creux, *c*)
Dans

b) Il eſt indubitable qu'on répréſente toûjours St. George ſur un beau cheval, & de là vient le proverbe, *monté comme un Saint George*.

c) Alluſion aux tourbillons de Deſcartes & à ſa matière ſubtile, imaginations ridicules & qui ont eu ſi longtemps la vogue. On ne ſait pourquoi l'auteur applique auſſi l'épithète de *rêveur* à Neuton, qui a prouvé le vuide; c'eſt apparemment parce que

Dans un amas de ſubtile pouſſière,
Beaux tourbillons que l'on ne prouve guère,
Et que Neuton, rêveur bien plus fameux,
Fait tournoyer ſans bouſſole & ſans guide
Autour du rien, tout au travers du vuide.
George enflammé de dépit & d'orgueil,
Franchit ce vuide, arrive en un clin d'œil
Devers les lieux arroſés par la Loire,
Où Saint Denis croyait chanter victoire.
Ainſi l'on voit dans la profonde nuit
Une cométe en ſa longue carrière
Etinceller d'une horrible lumière.
On voit ſa queuë, & le peuple frémit;
La Pape en tremble, & la terre étonnée
Croit que les vint vont manquer cette année.
Tout du plus loin que Saint George aperçut
Monſieur Denis, de colère il s'émut;
Et brandiſſant ſa lance meurtrière,
Il dit ces mots dans le vrai goût d'Homère. *d*)
Denis, Denis! rival faîble & hargneux,
Timide apui d'un parti malheureux,
Tu deſcends donc en ſecret ſur la terre,
Pour égorger mes héros d'Angleterre!
Crois-tu changer les ordres du deſtin,

Avec

Neuton ſoupçonne qu'un eſprit extrêmement élaſtique eſt la cauſe de la gravitation; au reſte il ne faut pas prendre un plaiſanterie à la lettre.

d) Tout ce morceau eſt viſiblement imité d'Homère. Minerve dit à Mars ce que le ſage Denis dit ici au fier George: *O Mars, ô Mars, Dieu ſanglant, qui ne te plais qu'aux combats, &c.*

Avec ton âne & ton bras féminin ?
Ne crains-tu pas que ma juſte vengeance
Puniſſe enfin, toi, ta fille, & la France ?
Ton triſte chef branlant ſur ton col tors
S'eſt déja vû ſéparé de ton corps.
Je veux t'ôter, aux yeux de ton égliſe,
Ta tête chauve en ſon lieu mal remiſe,
Et t'envoyer vers les murs de Paris,
Digne patron des badauts attendris,
Dans ton fauxbourg, où l'on chomme ta fête,
Tenir encor & rebaiſer ta tête.
Le bon Denis levant les mains aux Cieux,
Lui répondit d'un ton noble & pieux !
O grand Saint George, ô mon puiſſant confrère,
Veux-tu toûjours écouter ta colère ?
Depuis le tems que nous ſommes au Ciel,
Ton cœur dévot eſt tout paitri de fiel.
Nous faudra-t-il, bienheureux que nous ſommes,
Saints enchaſſés, tant fêtés chez les hommes,
Nous qui devons l'exemple aux Nations,
Nous décrier par nos diviſions ?
Veux-tu porter une guerre cruelle
Dans le ſéjour de la paix éternelle ?
Juſques à quand les Saints de ton pays
Mettront-ils donc le trouble en Paradis ?
O fiers Anglais, gens toûjours trop hardis,
Le Ciel un jour à ſon tour en colère
Se laſſera de vos façons de faire :
Ce Ciel n'aura, grace à vos ſoins jaloux,
Plus de dévots qui viennent de chez vous.

Mal-

Malheureux Saint, pieux attrabilaire,
Patron maudit d'un peuple sanguinaire,
Sois plus traitable, & pour Dieu laisse-moi
Sauver la France, & secourir mon Roi.
  A ce discours George bouillant de rage,
Sentit monter le rouge à son visage:
Et des badauts contemplant le patron,
Il redoubla de force & de courage;
Car il prenait Denis pour un poltron.
Il fond sur lui tel qu'un puissant faucon
Vole de loin sur un tendre pigeon.
Denis recule, & prudent il appelle.
A haute voix son âne si fidèle,
Son âne aîlé sa joye & son secours.
Vien, criait-il, vien deffendre mes jours.
Ainsi parlant le bon Denis oublie,
Que jamais Saint n'a pu perdre la vie.
  Le beau grison revenait d'Italie
En ce moment; & moi conteur succint,
J'ai déja dit ce qui fit qu'il revint.
A son Denis dos & selle il présente.
Nôtre Patron sur son âne élancé,
Sentit soudain sa valeur renaissante.
Subtilement il avait ramassé
Le fer tranchant d'un Anglais trépassé.
Lors brandissant le fatal cimeterre,
Il pousse à George, il le presse, il le serre.
George indigné lui fait tomber en bref
Trois horions sur son malheureux chef:
Tous sont parés: Denis garde sa tête,

Et

Et de ſes coups dirige la tempête
Sur le cheval & ſur le cavalier.
Le feu jaillit de l'élaſtique acier:
Les fers croiſés & de taille & de pointe
A tout moment vont au fort du combat
Chercher le cou, le caſque, le rabat,
Et l'auréole *e*), & l'endroit délicat
Où la cuiraſſe à l'éguillette eſt jointe.
Tous deux tenaient la victoire en ſuſpens,
Quand de ſa voix terrible & diſcordante
L'âne entonna ſon octave écorchante.
Le Ciel en tremble; écho du fond des bois
En frémiſſant répéte cette voix.
George pâlit: Denis d'une main leſte
Fait une feinte, & d'un revers céleſte
Tranche le nez du grand Saint d'Albion. *f*)
Le bout ſanglant roule ſur ſon arçon.
George ſans nez, mais non pas ſans courage,
Venge à l'inſtant l'honneur de ſon viſage,
Et jurant Dieu ſelon les nobles us
De ſes Anglais, d'un coup de cimeterre
Coupe à Denis ce que jadis Saint Pierre
Certain Jeudi fit tomber à Malcus.
A ce ſpectacle, à la voix empoulée
De l'âne ſaint, à ſes terribles cris,

Tout

e) Auréole, *à Lauro*, *à Laureola*; c'eſt la couronne de rayons que les Saints ont toûjours ſur la tête. St. Bernard dit que cette couronne eſt d'or pour les vierges. *Coronam quam noſtri majores Aureolam vocant, credo idcirco nominatam.*

f) Toûjours imitation d'Homère, qui fait bleſſer Mars lui-même.

Tout fut ému dans les divins lambris.
Le beau portail de la voute étoilée
S'ouvrit alors, & des arches du Ciel
On vit sortir l'Arcange Gabriel,
Qui soutenu sur ses brillantes aîles,
Fend doucement les plaines éternelles,
Portant en main la verge qu'autrefois
Devers le Nil eut le divin Moïse,
Quand dans la mer suspendüe & soumise,
Il engloutit les peuples & les Rois.
Que vois-je ici? cria-t-il en colère,
Deux Saints Patrons, deux enfans de lumière,
Du Dieu de paix confidens éternels,
Vont s'échiner comme de vils mortels!
Laissez, laissez aux sots enfans des femmes
Les passions, & le fer, & les flammes;
Abandonnez à leur profane sort
Les corps chétifs de ces grossières ames,
Nés dans la fange & formés pour la mort:
Mais vous, enfans qu'au séjour de la vie
Le Ciel nourrit de sa pure ambroisie,
Etes-vous las d'être trop fortunéz?
Etes-vous fous? Ciel! une oreille, un nez!
Vous que la grace & la miséricorde
Avaient formés pour prêcher la concorde!
Pouvez-vous bien de je ne sçai quels Rois
En étourdis embrasser la querelle?
Ou renoncez à la voûte éternelle,
Ou dans l'instant qu'on se rende à mes loix.
Que dans vos cœurs la charité s'éveille.

George inſolent, ramaſſez cette oreille,
Ramaſſez, dis-je; & vous, Monſieur Denis,
Prenez ce nez avec vos doigts bénis;
Que chaque choſe en ſon lieu ſoit remiſe.
Denis ſoudain va d'une main ſoumiſe
Rendre le bout au nez qu'il fit camus.
George à Denis rend l'oreille dévote
Qu'il lui coupa. Chacun des deux marmotte
A Gabriel un gentil *Orémus*,
Tout ſe rajuſte; & chaque cartilage
Va ſe placer à l'air de ſon viſage.
Sang, fibres, chair, tout ſe conſolida,
Et nul veſtige aux deux Saints ne reſta
De nez coupé, ni d'oreille abbatüe,
Tant les Saints ont la chair ferme & dodüe.
Puis Gabriel d'un ton de Préſident,
Çà qu'on s'embraſſe; il dit, & dans l'inſtant
Le doux Denis, ſans fiel & ſans colère,
De bonne foi baiſa ſon adverſaire.
Mais le fier George en l'embraſſant jurait,
Et promettait que Denis le païrait.
Le bel Arcange, après cette embraſſade,
Prend mes deux Saints; & d'un air gracieux,
A ſes côtés les fait voguer aux Cieux,
Où de nectar on leur verſe razade.
Peu de lecteurs croiront ce grand combat;
Mais ſous les murs qu'arroſait le Scamandre
N'a-t-on pas vû jadis avec éclat
Les Dieux armés, de l'Olimpe deſcendre?
N'a-t-on pas vû chez cet Anglais Milton
L'Ange

L'Ange aîlés toute une légion, g)
Rougir de ſang les céleſtes campagnes,
Jetter au nez quatre ou cinq cent montagnes,
Et qui pis eſt avoir du gros canon ?
Or ſi jadis Michel & le Démon
Se ſont battus, Meſſieurs Denis & George
Pouvaient ſans doute à plus forte raiſon
Se rencontrer & ſe couper la gorge.
  Mais dans le Ciel ſi la paix revenait,
Il en était autrement ſur la terre,
Séjour maudit de diſcorde & de guerre.
Le bon Roi Charle en cent endroits courait,
Nommait Agnès, la cherchait, & pleurait.
Et cependant Jeanne la foudroyante
De ſon épée invincible & ſanglante
Au fier Warton le trépas préparait;
Elle l'atteint vers l'énorme partie
Dont cet Anglais profana le couvent;
Warton chancéle, & ſon glaive tranchant
Quitte ſa main par la mort engourdie;
Il tombe, & meurt en reniant les Saints.

M Le

g) Milton au cinquiéme chant du *Paradis perdu* aſſure qu'une partie des Anges fit de la poudre & des canons, & renverſa par terre dans le Ciel des légions d'Anges; que ceux-ci prirent dans le Ciel des centaines de montagnes, les chargèrent ſur leur dos, avec les forêts plantées ſur ces montagnes & les fleuves qui en coulaient, & qu'ils jettèrent fleuves, montagnes & forêts ſur l'artillerie ennemie. C'eſt un des morceaux des plus vraiſemblables de ce poëme.

Le vieux troupeau des antiques nonnains
Voyant aux pieds de l'amazone auguſte
Le chevalier ſanglant & trébuché,
Diſant *ave*, s'écriait, Il eſt juſte
Qu'on ſoit puni par où l'on a péché.
Sœur Rebondi, qui dans la ſacriſtie
A ſuccombé ſous le vainqueur impie,
Pleurait le traître en rendant grace au Ciel;
Et meſurant des yeux le criminel,
Elle diſait d'une voix charitable,
Hélas, hélas, nul ne fut plus coupable.

CHANT

CHANT DOUZIEME.

Mourose tuë l'Aumonier. Charle retrouve Agnés, qui se consolait avec Mourose dans le Château de Cutendre.

J'Avais juré de laisser la morale,
De conter net, de fuir les longs discours.
Mais que ne peut ce grand Dieu des amours ?
Il est bavard, & ma plume inegale
Va griffonnant de son bec effilé
Ce qu'il inspire à mon cerveau brulé.
Jeunes beautés, filles, veuves, ou femmes,
Qu'il [illegible]rola sous ses drapeaux charmants,
Vous qui lancez & recevez ses flammes,
Or dites moi ; quand deux jeunes amans,
Egaux en grace, en mérite, en talents,
Aux doux plaisirs tous deux vous sollicitent,
Egalement vous pressent, vous excitent,
Mettent en feu vos sensibles apas,
Vous éprouvez un étrange embarras.
Connaissez-vous cette histoire frivole
D'un certain âne, illustre dans l'école ?
Dans l'écurie on vint lui présenter

 Pour

Pour ſon diner deux meſures égales,
De même forme, à pareils intervales ;
Des deux côtés l'âne ſe vit tenter
Egalement, & dreſſant ſes oreilles
Juſte au milieu des deux formes pareilles,
De l'équilibre accompliſſant les loix,
Mourut de faim, de peur de faire un choix.
N'imitez pas cette philoſophie,
Daignez plutôt honorer tout d'un temps
De vos bontés vos deux jeunes amants,
Et gardez-vous de riſquer vôtre vie.
A quelques pas de ce joli couvent,
Si pollué, ſi triſte & ſi ſanglant,
Où le matin vingt nonnes affligées
Par l'amazone ont été trop vengées,
Près de la Loire était un vieux château
A pont-levis, machicoulis, tourelles, *a*)
Un long canal tranſparent, à fleur d'eau,
En ſerpentant tournait au pied d'icelles,
Puis embraſſait en quatre cent jets [illegible]
Les murs épais qui deffendaient le parc.
Un vieux Baron ſurnommé de Cutendre,
Etait Seigneur de cet heureux logis.
En ſureté chacun pouvait s'y rendre.
Le vieux Seigneur, dont l'ame eſt bonne & tendre,
En avait fait l'azile du pays
Français, Anglais, tous étaient ſes amis.

Tout

a) *Machicoulis*, ou *machecoulis*, ce ſont des ouvertures entre les crenaux, par leſquelles on peut tirer ſur l'ennemi quand il eſt dans le foſſé.

Tout voyageur en coche, en botte, en guêtre,
Ou Prince,ou moine,ou nonne,ou Turc,ou prêtre,
Y recevaient un accueil gracieux :
Mais il falait qu'on entrat deux à deux ;
Car tout Baron a quelque fantaiſie :
Et celui-ci pour jamais réſolut
Qu'en ſon châtel en nombre pair on fût,
Jamais impair, Telle était ſa folie.
Quand deux-à-deux on abordait chez lui,
Tout allait bien : mais malheur à celui
Qui venait ſeul en ce logis ſe rendre ;
Il ſoupait mal ; il lui fallait attendre
Qu'un compagnon format ce nombre heureux,
Nombre parfait qui fait que deux font deux.
  La fière Jeanne ayant repris ſes armes,
Qui cliquetaient ſur ſes robuſtes charmes,
De vers la nuit y conduiſit au frais,
En deviſant, la belle & douce Agnès.
Cet Aumonier qui la ſuivait de près,
Cet Aumonier ardent, inſatiable,
Arrive aux murs du logis charitable.
Ainſi qu'un loup qui mâche ſous ſa dent
Le fin duvet d'un jeune agneau bêlant,
Plein de l'ardeur d'achever ſa curée,
Va du bercail eſcalader l'entrée :
Tel enflammé de ſa lubrique ardeur,
L'œil tout en feu, l'Aumonier raviſſeur
Allait cherchant les reſtes de ſa joye,
Qu'on lui ravit lorſqu'il tenait ſa proye ;
Il ſonne, il crie ; on vient ; on aperçut

Qu'il était seul; & soudain il parut
Que les deux bois, dont les forces mouvantes
Font ébranler les solives tremblantes
Du pont levis, par les airs s'élevaient,
Et s'élevant le pont levis haussaient.
A ce spectacle, à cet ordre du maître,
Qui jura Dieu? ce fut mon vilain prêtre.
Il suit des yeux les deux mobiles bois;
Il tend les mains, veut crier, perd la voix.
On voit souvent du haut d'une goutiére
Descendre un chat auprès d'une voliére,
Passant la griffe à travers les barreaux,
Qui contre lui deffendent les oiseaux.
Son œil poursuit cette espéce emplumée,
Qui se tapit au fond d'une ramée.
Nôtre Aumonier fut encor plus confus,
Alors qu'il vit sous des ormes touffus
Un beau jeune homme à la tresse dorée,
Au sourcil noir, à la mine assurée,
Aux yeux brillants, au menton cotonné,
Au teint fleuri par les graces orné,
Tout rayonnant des couleurs du bel âge:
C'était l'amour, ou c'était mon beau page:
C'était Monrose. Il avait tout le jour
Cherché l'objet de son naissant amour.
Dans le couvent reçu par les nonnettes,
Il aparut à ces filles discrettes,
Non moins charmant que l'Ange Gabriel,
Pour les bénir venant du haut du Ciel.
Les tendres sœurs voyant le beau Monrose,
Sen-

Sentaient rougir leur visage de rose,
Disant tout bas: Ah que n'était-il là,
Dieu paternel, quand on nous viola!
Toutes en cercle autour de lui se mirent,
Parlant sans cesse, & lorsqu'elles aprirent
Que ce beau page allait chercher Agnès,
On lui donna le coursier le plus frais,
Avec un guide, afin que sans esclandre
Il arrivat au château de Cutendre.
En arrivant il vit près du chemin,
Non loin du pont, l'Aumonier inhumain.
Lors tout émû de joye & de colère,
Ah, c'est donc toi, prêtre de Belzebut!
Je jure ici Chandos & mon salut,
Et plus encor, les yeux qui m'ont squ plaire,
Que tes forfaits vont enfin se payer.
Sans repartir le bouillant Aumonier
Prend d'une main par la rage tremblante
Un pistolet, en presse la détente, *b*)
Le chien s'abat, le feu prend, le coup part;
Le plomb chassé siffle & vole au hazard,
Suivant au loin la ligne mal mirée
Que lui traçait une main égarée.
Le page vise, & par un coup plus sûr
Atteint le front, ce front horrible & dur,

 Où

b) Il faut avoüer que les pistolets ne furent inventés à Pistoye que longtems après. Nous n'osons affirmer qu'il soit permis d'anticiper ainsi les temps; mais que ne pardonne-t-on point dans un poëme épique? l'Epopée à de grands droits.

Où se peignait une ame détestable.
  L'Aumonier tombe, & le page vainqueur
Sentit alors dans le fond de son cœur
De la pitié le mouvement aimable.
Hélas, dit-il, meurs du moins en Chrêtien;
Di *Te Deum*; tu vécus comme un chien;
Demande au Ciel pardon de ta luxure;
Prononce *Amen*, donne ton ame à Dieu.
Non, répondit le maraud à tonsure,
Je suis damné, je vais au Diable, adieu.
Il dit & meurt: son ame déloyale
Alla grossir la cohorte infernale. c)
  Tandis qu'ainsi ce monstre impénitent
Allait rotir aux brasiers de Satan,
Le bon Roi Charle accablé de tristesse,
Allait cherchant son errante maîtresse,
Se promenant, pour calmer sa douleur,
Devers la Loire avec son confesseur.
Il faut ici, lecteur, que je remarque
En peu de mots ce que c'est qu'un docteur,
Qu'en sa jeunesse un amoureux Monarque
Par étiquette à pris pour directeur.
C'est un mortel tout paitri d'indulgence,
Qui doucement fait pancher dans ses mains,

Du

c) L'équité demande que nous fassions ici une remarque sur la morale admirable de ce poëme, le vice y est toûjours puni. L'aumonier scandaleux meurt impénitent, Grisbourdon est damné, Chandos est vaincu & tué &c. C'est ce que le sage *Horatius Flaccus* recommande *in arte poëtica*.

Du bien, du mal la trompeuſe balance,
Vous méne au Ciel par d'aimables chemins,
Et fait pécher ſon maître en conſcience:
Son ton, ſes yeux, ſon geſte compoſant,
Obſervant tout, flattant avec adreſſe
Le favori, le maître, la maîtreſſe;
Toûjours accort, & toûjours complaiſant.
Le confeſſeur du Monarque Gallique
Etait un fils du bon Saint Dominique.
Il s'apellait le Pére Bonifoux,
Homme de bien, ſe faiſant tout à tous.
Il lui diſait d'un ton dévot & doux,
Que je vous plains! la partie animale
Prend le deſſus: la choſe eſt bien fatale.
Aimer Agnès eſt un péché vraiment;
Mais ce péché ſe pardonne aiſément:
Au tems jadis il était fort en vogue
Chez les Hebreux enfans du Décalogue.
Cet Abraham, ce pére des croyans,
Avec Agar s'aviſa d'être père;
Car ſa ſervante avait des yeux charmants,
Qui de Sara méritaient la colère.
Jacob le juſte épouſa les deux ſœurs.
Tout Patriarche a connu les douceurs
Du changement dans l'amoureux miſtère.
Le vieux Booz en ſon vieux lit reçut
Après moiſſon la bonne & vieille Ruth.
Et ſans conter la belle Betzabée,
Du bon David l'ame fut abſorbée
Dans les plaiſirs de ſon ample ſerrail.

Son

Son vaillant fils, fameux par sa criniére,
Un beau matin, par vertu singuliére,
Vous repassa tout ce gentil bercail.
De Salomon vous savez le partage.
Comme un Oracle on écoutait sa voix,
Il sçavait tout, & des Rois le plus sage
Etait aussi le plus galant des Rois.
De leurs péchés si vous suivez la trace,
Si vos beaux ans sont livrés à l'amour,
Consolez-vous; la sagesse a son tour.
Jeune on s'égare, & vieux on obtient grace.
  Ah! dit Charlot, ce discours est fort bon,
Mais que je suis bien loin de Salomon!
Que son bonheur augmente mes détresses!
Pour ses ébats il eut sept cent maîtresses, *d*)
Je n'en ai qu'une; hélas je ne l'ai plus!
  Des pleurs alors sur son nez répandus
Interrompaient sa voix tendre & plaintive:
Lorsqu'il avise, en tournant vers la rive,
Sur un cheval trottant d'un pas hardi,
Un manteau rouge, un ventre rebondi,
Un vieux rabat; c'était Bonneau lui-même.
Un chacun sait qu'après l'objet qu'on aime,
Rien n'est plus doux pour un parfait amant,
Que de trouver son très cher confident.
Le Roi perdant & reprenant haleine,
Crie à Bonneau, Quel Démon te ramène?

d) Charle oublie trois cent femmes, ce qui fait mille. Mais en cela nous ne pouvons qu'applaudir à la retenüe de l'auteur, & à sa sagesse.

Que fait Agnès, di, d'où viens-tu, quels lieux
Sont embellis, éclairés par ſes yeux?
Où la trouver? di donc, répon donc, parle.
Aux queſtions qu'enfilait le Roi Charle,
Le bon Bonneau conta de point en point
Comme il avait été mis en pourpoint,
Comme il avait ſervi dans la cuiſine,
Comme il avait par fraude clandeſtine
Et par miracle à Chandos échapé,
Quand à ſe batre on était occupé;
Comme on cherchait cette beauté divine;
Sans rien omettre il raconta fort bien
Ce qu'il ſavait; mais il ne ſavait rien.
Il ignorait la fatale avanture,
Du prêtre Anglais la brutale luxure,
Du page aimé l'amour reſpectueux,
Et du couvent le ſac inceſtueux.
Après avoir bien expliqué leurs craintes,
Repris cent fois le fil de leurs complaintes,
Maudit le ſort & les cruels Anglais,
Tous deux étaient plus triſtes que jamais.
Il était nuit; le char de la grande ourſe *e)*
Vers ſon Nadir avait fourni ſa courſe:
Le Jacobin dit au Prince penſif,
Il eſt bien tard, ſoyez mémoratif
Que tout mortel, Prince, ou moine à cette heure
Devrait chercher quelque honnête demeure,
Pour

e) Le *Nadir* en Arabe ſignifie le plus bas, & le *Zenith*, le plus haut. La Grande Ourſe eſt l'*Arctos* des Grecs, qui a donné ſon nom au pôle Arctique.

Pour y souper & pour passer la nuit.
Le triste Roi par le moine conduit,
Sans rien répondre, & ruminant sa peine,
Le cou panché galoppe dans la plaine :
Et bientôt Charle & le prêtre & Bonneau
Furent tous trois aux fossés du chateau.
Non loin du pont était l'aimable page,
Lequel ayant jetté dans le canal
Le corps maudit de son damné rival,
Ne perdait point l'objet de son voyage.
Il dévorait en secret son ennui,
Voyant ce pont entre sa Dame & lui.
Mais quand il vit aux rayons de la Lune
Les trois Français, il sentit que son cœur
Du doux espoir éprouvait la chaleur :
Et d'une grace adroite & non commune
Cachant son nom, & sur-tout son ardeur,
Dès qu'il parut, dès qu'il se fit entendre,
Il inspira je ne sai quoi de tendre ;
Il plut au Prince, & le moine benin
Le caressait de son air patelin,
D'un œil dévot & du plat de la main.
Le nombre pair étant formé de quatre,
On vit bientôt les deux fléches abatre
Le pont mobile ; & les quatre coursiers
Font en marchant gémir les madriers. *f*)
Le gros Bonneau tout essouflé chemine,

En

f) Ce sont les planches du pont : elles ne prennent le nom de madriers que quand elles ont quatre pouces d'épaisseur.

En arrivant droit devers la cuisine,
Songe au souper. Le moine au même lieu,
Dévotement en rendit grace à Dieu.
Charle prenant un nom de Gentilhomme,
Court à Cutendre avant qu'il prit son somme.
Le bon Baron lui fit son compliment,
Puis le mena dans son apartement.
Charle a besoin d'un peu de solitude,
Il veut jouïr de son inquiétude.
Il pleure Agnès. Il ne se doutait pas
Qu'il fût si près de ses jeunes apas.
  Le beau Monrose en fut bien davantage.
Avec adresse il fit causer un page,
Il se fit dire où reposait Agnès,
Remarquant tout avec des yeux discrets.
Ainsi qu'un chat qui d'un regard avide
Guette au passage un souris timide,
Marchant tout doux, la terre ne sent pas
L'impression de ses pieds délicats ;
Dès qu'il l'a vuë, il a sauté sur elle.
Ainsi Monrose avançant vers la belle,
Etend un bras, puis avance à tâtons,
Posant l'orteil, & haussant les talons.
Agnès, Agnès, il entre dans ta chambre.
Moins promptement la paille vole à l'ambre,
Et le fer suit moins simpatiquement
Le tourbillon qui l'unit à l'aimant.
Le beau Monrose en arrivant se jette
A deux genoux au bord de la couchette,
Où sa maîtresse avait entre deux draps

Pour

Pour ſommeiller arrangé ſes apas.
De dire un mot aucun d'eux n'eut la force,
Ni le loiſir; le feu prit à l'amorce
En un clin d'œil: un baiſer amoureux
Unit ſoudain leurs bouches demi cloſes.
Leur ame vint ſur leurs lévres de roſes.
Agnès aida Monroſe impatient
A dépouiller, à jetter promptement
De ſes habits l'incommode parure,
Déguiſement qui péſe à la nature,
Dans l'âge d'or aux mortels inconnu,
Que hait ſourtout un Dieu qui va tout nû.
  Dieux! quels objets! eſt-ce Flore & Zéphire,
Eſt-ce Pſiché qui careſſe l'amour?
Eſt-ce Vénus que le fils de Cinire *g*)
Tient dans ſes bras loin des rayons du jour,
Tandis que Mars eſt jaloux & ſoupire?
  Le Mars Français, Charle au fond du château
Soupire alors avec l'ami Bonneau,
Mange à regret & boit avec triſteſſe.
Un vieux valet bavard de ſon métier,
Pour égayer ſa taciturne Alteſſe, *h*)
Aprit au Roi, ſans ſe faire prier,
Que deux beautés, l'une robuſte & fière,
Aux cheveux noirs, à la mine guerrière,
L'autre plus douce, aux yeux bleus, au teint frais,
Couchaient alors dans la gentilhommière:
Charle étonné les ſoupçonne à ces traits;

Il

g) Adonis
h) On traitait les Rois d'Alteſſe alors.

Il se fait dire, & puis redire encore,
Quels sont les yeux, la bouche, les cheveux,
Le doux parler, le maintien vertueux
Du cher objet de son cœur amoureux.
C'est elle enfin, c'est tout ce qu'il adore;
Il en est sûr, il quitte son repas.
Adieu, Bonneau; je cours entre ses bras.
Il dit & vole, & non pas sans fracas:
Il était Roi cherchant peu le mistère.
  Plein de sa joye il répète & redit
Le nom d'Agnès, tant qu'Agnès l'entendit.
Le couple heureux en trembla dans son lit.
Que d'embarras! comment sortir d'affaire?
Voici comment le beau page s'y prit.
Près du lambris dans une grande armoire,
On avait mis un petit oratoire,
Autel de poche, où lorsque l'on voulait,
Pour quinze sous un Capucin venait. *i*)
Sur le rétable en voûte pratiquée
Est une niche en attendant son Saint.
D'un rideau vert la niche était masquée.
Que fait Monrose? un beau penser lui vint
De s'ajuster dans la niche sacrée,
En bienheureux, derrière le rideau,
Il se tapit, sans pourpoint, sans manteau.
Le Prince approche, & presque dès l'entrée
Il saute au cou de sa belle adorée;

Et

i) Il n'y avait point encore de Pères Capucins; c'est une faute contre le *costume*.

Et tout en pleurs il veut jouïr des droits
Qu'ont les Amans, ſurtout quand ils ſont Rois.
Le Saint caché frémit à cette vûe :
Il fait du bruit & la table remuë :
Le Prince approche, il y porte la main,
Il ſent un corps, il recule, il s'écrie,
Amour, Satan, Saint François, Saint Germain,
Moitié frayeur, & moitié jalouſie :
Puis tire à lui, fait tomber ſur l'autel
Avec grand bruit le rideau ſous lequel
Se blotiſſait cette aimable figure,
Qu'à ſon plaiſir façonna la nature.
Son dos tourné par pudeur étalait
Ce que Céſar ſans pudeur ſoumettait
A k) Nicoméde en ſa belle jeuneſſe,
Ce que jadis le héros de la Grèce
Admira tant dans ſon Epheſtion, l)
Ce qu'Adrien mit dans le Panthéon.
Que les héros, ô Ciel, ont de faibleſſe !
  Si mon lecteur n'a point perdu le fil
De cette hiſtoire, au moins ſe ſouvient-il

Que

k) Des ignorants, dans les éditions précédentes toutes tronquées, avaient imprimé *Licoméde*, au lieu de *Nicoméde* : c'était un Roi de Bithynie. *Ceſar in Bithyniam miſſus*, dit Suétone, *deſedit apud Nicomedem, non ſine rumore proſtratæ Regi pudicitiæ.*

l) *Alexander Prædicator Epheſtionis, Adrianus Antinoï.* Non-ſeulement l'Empereur Adrien fit mettre la ſtatüe d'Antinoüs dans le Panthéon, mais il lui érigea un temple, & Tertullien avoüe qu'Antinoüs faiſait des miracles.

Que dans le camp la courageufe Jeanne
Traça jadis au bas du dos profane,
D'un doigt conduit par Monfieur Saint Denis,
Adroitement trois belles fleurs de lys.
Cet écuffon, ces trois fleurs, ce derrière
Emûrent Charle : il fe mit en prière.
Il croit que c'eft un tour de Belzébut.
De repentir & de douleur atteinte,
La belle Agnès s'évanouït de crainte.
Le Prince alors, dont le trouble s'accrut,
Lui prend les mains; Qu'on vole ici vers elle;
Accourez tous; le Diable eft chez ma belle.
Aux cris du Roi le Confeffeur troublé,
Non fans regret quitte auffi-tôt la table.
L'ami Bonneau monte tout effouflé,
Jeanne s'éveille, & d'un bras redoutable
Prenant ce fer que la victoire fuit,
Cherche l'endroit d'où partait tout le bruit.
Et cependant le Baron de Cutendre
Dormait à l'aife, & ne put entendre.

CHANT TREIZIEME.

Sortie du château de Cutendre. Combat de la Pucelle & de Jean Chandos: étrange loi du combat à laquelle la Pucelle est soumise; vision du Père Bonifoux; miracle qui sauve l'honneur de Jeanne.

C'Etait le tems de la saison brillante,
Quand le soleil aux bornes de son cours
Prend sur les nuits pour ajouter aux jours;
Et se plaisant dans sa démarche lente
A contempler nos fortunés climats,
Vers le tropique arrête encor ses pas.
O grand Saint Jean *a*), c'était alors ta fête;
Premier des Jeans, orateur des déserts,
Toi qui criais jadis à pleine tête,
Que du salut les chemins soient ouverts;
Grand précurseur, je t'aime, je te sers.
Un autre Jean eut la bonne fortune

De

a) L'auteur désigne clairement la fin du mois de Juin. La fête de St. Jean le *Bâtiseur*, qu'on appelle *Bâtiste*, est célébrée le 24. Juin.

De voyager au pays de la lune,
Avec Aſtolphe, & rendit la raiſon *b*)
Au Paladin amoureux d'Angelique.
Ren-moi la mienne, ô Jean ſecond du nom!
Tu protégeas ce chantre aimable & rare,
Qui réjouït les Seigneurs de Ferrare,
Par le tiſſu de ſes contes plaiſants;
Tu pardonnas aux vives apoſtrophes
Qu'il t'adreſſa dans ſes comiques ſtrophes.
Etends ſur moi tes ſecours bienfaiſants,
J'en ai beſoin; car tu ſçais que les gens
Sont bien plus ſots, & bien moins indulgens,
Qu'on ne l'était au ſiécle du génie,
Quand l'Arioſte illuſtrait l'Italie.
Protège-moi contre ces durs eſprits,

N 2 Fron-

b) Ce que dit ici l'auteur fait alluſion au trente quatriéme chant de l'*Orlando furioſo*.

Quando ſcoprendo il nome ſuo gli diſſe
Eſſer colui che l'Evangelio ſcriſſe:

& au trente cinquiéme, le même St. Jean l'Evangeliſte dit à Aſtolphe:

Gli ſcrittori amo, e fo il debito mio;
Ch' al voſtro mondo fu ſcrittor' anche io,
E ben convenne al mio lodato Chriſto
Render mi guiderdon d'un ſi gran ſortoe.

Nous n'oſons traduire ces vers Italiens qui paraîtraient des profanations; cependant on ne s'en formaliſa pas en Italie: mais nous ne pouvons nous empêcher de loüer nôtre auteur, lequel n'a jamais pouſſé ſi loin ſon innocent badinage.

Frondeurs pesants de mes légers écrits.
Si quelquefois l'innocent badinage
Vient en riant égaïer mon ouvrage,
Quand il le faut je suis très sérieux.
Mais je voudrais n'être point ennuïeux.
Condui ma plume, & surtout daigne faire
Mes compliments à Denis ton confrère.
En accourant la fière Jeanne d'Arc
D'une lucarne aperçut dans le parc
Cent palefrois, une brillante troupe
De chevaliers ayant dames en croupe,
Et d'écuyers qui tenaient dans leurs mains
Tout l'attirail des combats inhumains;
Cent boucliers où des nuits la courière
Réfléchissait sa tremblante lumière,
Cent casques d'or d'aigrettes ombragés,
Et les longs bois d'un fer pointu chargés,
Et des rubans dont les touffes dorées
Pendaient au bout des lances acèrées.
Voyant cela Jeanne crut fermement
Que les Anglais avoient surpris Cutendre.
Mais Jeanne d'Arc se trompa lourdement.
En fait de guerre on peut bien se méprendre,
Ainsi qu'ailleurs : mal voir & mal entendre
De l'héroïne était souvent le cas,
Et Saint Denis ne l'en corrigea pas.
Ce n'était point des enfans d'Angleterre
Qui de Cutendre avaient surpris la terre;
C'est ce Dunois de Milan revenu,
Ce grand Dunois à Jeanne si connu,

C'est

C'eſt la Trimouille avec ſa Dorothée.
Elle était d'aiſe & d'amour tranſportée ;
Elle en avait ſujet aſſurément :
Elle voyage avec ſon cher amant ;
Ce cher amant, ce tendre la Trimouille,
Que l'honneur guide, & que l'amour chatouille.
Elle le ſuit toûjours avec honneur,
Et ne craint plus Monſieur l'Inquiſiteur.
En nombre pair cette troupe dorée
Dans le château la nuit était entrée.
Jeanne y vola : le bon Roi qui la vit,
Crut qu'elle allait combattre, & la ſuivit,
Et dans l'erreur qui trompait ſon courage,
Il laiſſe encor Agnès avec ſon page.
O page heureux, & plus heureux cent fois
Que le plus grand, le plus Chrêtien des Rois ;
Que de bon cœur alors tu rendis grace
Au benoit Saint dont tu tenais la place !
Il te fallut r'habiller promptement.
Tu rajuſtas ta trouſſe diaprée.
Agnès t'aidait d'une main timorée,
Qui s'égarait & ſe trompait ſouvent.
Que de baiſers ſur ſa bouche de roſe
Elle reçut en r'habillant Monroſe !
Que ſon bel œil le voyant rajuſté,
Semblait encor chercher la volupté !
Monroſe au parc deſcendit ſans rien dire.
Le Confeſſeur tout ſaintement ſoupire,
Voyant paſſer ce beau jeune garçon,
Qui lui donnait de la diſtraction.

La douce Agnès composa son visage,
Ses yeux, son air, son maintien, son langage.
Auprès du Roi Bonifoux se rendit,
Le consola, le rassura, lui dit
Que dans la niche un envoyé céleste
Etait d'enhaut venu pour annoncer
Que des Anglais la puissance funeste
Touchait au terme, & que tout doit passer;
Que le Roi Charle obtiendrait la victoire.
Charle le crut, car il aimait à croire.
La fière Jeanne appuya ce discours.
Du Ciel, dit-elle, acceptons le secours.
Venez, grand Prince, & rejoignons l'armée,
De vôtre absence à bon droit allarmée.
Sans balancer la Trimouille & Dunois
De cet avis furent à haute voix.
Par ces héros la belle Dorothée
Honnêtement au Roi fut présentée.
Agnès la baise, & le noble escadron
Sortit enfin du logis du Baron.
Le juste Ciel aime souvent à rire,
Des passions du sublunaire empire.
Il regardait cheminer dans les champs
Cet escadron de héros & d'amants.
Le Roi de France allait près de sa belle,
Qui s'efforçant d'être toûjours fidelle,
Sur son cheval la main lui présentait,
Serrait la sienne, exhalait sa tendresse;
Et cependant, ô comble de faiblesse!
De tems en tems le beau page lorgnait.

Le Confeſſeur pſalmodiant ſuivait,
Des voyageurs récitait la prière,
S'interrompait en voyant tant d'attraits,
Et regardait avec des yeux diſtraits
Le Roi, le page, Agnès, & ſon bréviaire.
Tout brillant d'or, & le cœur plein d'amour,
Ce la Trimouille, ornement de la Cour,
Caracollait auprès de Dorothée,
Yvre de joye & d'amour tranſportée,
Qui le nommait ſon cher libérateur,
Son cher amant, l'idole de ſon cœur.
Il lui diſait, Je veux après la guerre
Vivre à mon aiſe avec vous dans ma terre.
O cher objet dont je ſuis toûjours fou,
Quand ferons-nous tous les deux en Poitou ?
  Jeanne auprès d'eux, ce fier ſoutien du trône,
Portant corſet & jupon d'amazone,
Le chef orné d'un petit chapeau vert,
Enrichi d'or & de plumes couvert,
Sur ſon fier âne étalait ſes gros charmes,
Parlait au Roi, courait, allait le pas,
Se rengorgeait, & ſoupirait tout bas
Pour le Dunois compagnon de ſes armes;
Car elle avait toujours le cœur ému,
Se ſouvenant de l'avoir vû tout nû.
  Bonneau portant barbe de Patriarche,
Suant, ſouflant, Bonneau fermait la marche.
O d'un grand Roi ſerviteur précieux!
Il penſe à tout; il a ſoin de conduire
Deux gros mulets tout chargés de vin vieux,

N 4 Longs

Longs ſauciſſons, pâtés délicieux,
Jambons, poulets ou cuits ou prêts à cuire.
On avançait, alors que Jean Chandos,
Cherchant partout ſon Agnès & ſon page,
Au coin d'un bois, près d'un certain paſſage,
Le fer en main rencontra nos héros.
Chandos avait une ſuite aſſez belle
De fiers Bretons, pareille en nombre à celle
Qui ſuit les pas du Monarque amoureux.
Mais elle était d'eſpèce différente:
On n'y voyait ni tetons ni beaux yeux.
Oh! oh, dit-il d'une voix menaçante,
Galants Français, objets de mon courroux,
Vous aurez donc trois filles avec vous,
Et moi Chandos je n'en aurai pas une?
Ça, combattons: je veux que la fortune
Décide ici qui ſait le mieux de nous
Mettre à plaiſir ſes ennemis deſſous,
Frapper d'eſtoc & pointer de ſa lance;
Que de vous tous le plus ferme s'avance;
Qu'on entre en lice; & celui qui vaincra
L'une des trois à ſon aiſe tiendra.
Le Roi piqué de cette offre cinique,
Veut l'en punir, s'avance, prend ſa pique.
Dunois lui dit: Ah laiſſez-moi, Seigneur,
Venger mon Prince & des Dames l'honneur.
Il dit & court: la Trimouille l'arrête;
Chacun prétend à l'honneur de la fête.
L'ami Bonneau toûjours de bon accord,
Leur propoſa de s'en remettre au ſort.

Car c'eſt ainſi que les guerriers antiques
En ont uſé dans les tems héroiques:
Même aujourd'hui dans quelque Républiques
Plus d'un emploi, plus d'un rang glorieux,
Se tire aux dés, c) & tout en va bien mieux.
Le gros Bonneau tient le cornet, ſoupire,
Craint pour ſon Roi, prend les dés, roule, tire.
Denis du haut du céleſte rempart
Voyait le tout d'un paternel regard,
Et contemplant la Pucelle & ſon âne,
Il conduiſait ce qu'on nomme hazard.
Il fut heureux, le ſort échut à Jeanne.
Jeanne, c'était pour vous faire oublier
L'infame jeu de ce grand Cordelier,
Qui ci-devant avait rafflé vos charmes.
Jeanne à l'inſtant court au Roi, court aux armes,
Modeſtement va derrière un buiſſon
Se délacer, détacher ſon jupon,
Et revêtir ſon armure ſacrée,
Qu'un écuyer tient déja préparée.
Puis ſur ſon âne elle monte en courroux,
Branlant ſa lance & ſerrant les genoux.
Elle invoquait les onze mille belles,
Du pucelage héroïnes fidèles. d)

Pour

c) Les exemples des ſorts ſont très fréquents dans Homère: on dévinait auſſi par les ſorts chez les Hébreux. Il eſt dit que la place de Judas fut tirée au ſort, & aujourd'hui à Veniſe, à Génes & dans d'autres Etats, on tire au ſort pluſieurs places.

d) Les onze mille vierges & martires enterrées à Cologne.

Pour Jean Chandos, cet indigne Chrétien
Dans les combats n'invoquait jamais rien.
Jean contre Jeanne avec fureur avance;
Des deux côtés égale eſt la vaillance,
Ane & cheval bardés, coëffés de fer,
Sous l'éperon partent comme un éclair,
Vont ſe heurter, & de leur tête dure,
Front contre front fracaſſent leur armure;
La flamme en ſort, & le ſang du courſier
Teint les éclats du voltigeant acier.
Du choc affreux les échos retentiſſent,
Des deux courſiers les huit pieds réjailliſſent,
Et les guerriers du coup déſarçonnés,
Tombent chacun ſur la croupe étonnés:
Ainſi qu'on voit deux boules ſuſpenduës
Aux bouts égaux de deux cordes tenduës,
Dans une courbe au même inſtant partir,
Hâter leur cours, ſe heurter, s'aplatir,
Et remonter ſous le choc qui les preſſe,
Multipliant leur poids par leur viteſſe.
Chaque parti crut morts les deux courſiers,
Et treſſaillit pour les deux chevaliers.
Or des Français la champione auguſte
N'avait la chair ſi ferme, ſi robuſte,
Les os ſi durs, les membres ſi diſpos,
Si muſculeux, que le fier Jean Chandos.
Son équilibre ayant dans cette rixe
Abandonné ſa ligne & ſon point fixe,
Son quadrupède un haut le corps lui fit,
Qui dans le pré Jeanne d'Arc étendit

Sur

Sur ſon beau dos, ſur ſa cuiſſe gentille,
Et comme il faut que tombe toute fille.
Chandos penſait qu'en ce grand déſaroi
Il avait mis ou Dunois ou le Roi.
Il veut ſoudain contempler ſa conquête :
Le caſque ôté, Chandos voit une tête,
Où languiſſaient deux grands yeux noirs & longs.
De la cuiraſſe il défait les cordons.
Il voit, ô Ciel ! ô plaiſir ! ô merveille !
Deux gros tetons de figure pareille,
Unis, polis, ſéparés, demi-ronds,
Et ſurmontés de deux petits boutons
Qu'en ſa naiſſance a la roſe vermeille.
On tient qu'alors en élevant la voix,
Il bénit Dieu pour la premiére fois.
Elle eſt à moi la Pucelle de France,
S'écria-t-il, contentons ma vengeance.
J'ai, grace au Ciel, doublement mérité
De mettre à bas cette fiére beauté.
aint Denis me regarde & m'accuſe ;
ars & l'amour ſont mes droits, & j'en uſe.
Son écuyer diſait, Pouſſez, Milord ;
Du Trône Anglais affermiſſez le ſort.
Frére Lourdis en vain nous décourage ;
Il jure en vain que ce ſaint pucelage
Eſt des Troyens le grand *Palladium*,
Le bouclier *e*) ſacré du *Latium* ;

De

e) C'était un bouclier qui était tombé du Ciel à Rome, & qui était gardé ſoigneuſement, comme un gage de la ſureté de la ville.

De la victoire il eſt, dit-il, le gage ;
C'eſt l'oriflamme : il faut vous en ſaiſir,
Oui, dit Chandos, & j'aurai pour partage
Les plus grands biens, la gloire & le plaiſir.
Jeanne pâmée écoutait ce langage
Avec horreur, & faiſait mille vœux
A Saint Denis, ne pouvant faire mieux.
Le grand Dunois d'un courage héroique
Veut empêcher le triomphe impudique.
Mais comment faire? il faut dans tout état
Qu'on ſe ſoumette à la loi du combat.
Les fers en l'air & la tête panchée,
L'oreille baſſe & du choc écorchée,
Languiſſamment le céleſte baudet
D'un œil confus Jean Chandos regardait.
Il nourriſſait dès longtems dans ſon ame
Pour la Pucelle une diſcrette flâme,
Des ſentimens nobles & délicats
Très peu connus des ânes d'ici-bas.
Le confeſſeur du bon Monarque Charle
Tremble en ſa chair alors que Chandos parle.
Il craint ſurtout que ſon cher pénitent,
Pour ſoutenir la gloire de la France,
Qu'on avilit avec tant d'impudence,
A ſon Agnès n'en veuille faire autant,
Et que la choſe encor ſoit imitée
Par la Trimouille & par ſa Dorothée.
Au pied d'un chêne il entre en oraiſon,
Et fait tous bas ſa méditation,
Sur les effets, la cauſe, la nature

Du

Du doux péché qu'aucuns nomment luxure.
En méditant avec attention,
Le benoit moine eut une viſion,
Aſſez ſemblable au prophétique ſonge
De ce Jacob, heureux par un menſonge, *f*)
Pate-pelu dont l'eſprit lucratif
Avait vendu ſes lentilles en Juif.
Ce vieux Jacob, ô ſublime miſtère!
Devers l'Euphrate une nuit aperçut
Mille beliers qui grimpèrent en rut
Sur les brebis, qui les laiſſèrent faire.
Le moine vit de plus plaiſants objets,
Il vit courir à la même avanture
Tous les Héros de la race future.
Il obſervait les différents attraits
De ces beautés qui dans leur douce guerre
Donnent des fers aux maîtres de la terre.
Chacune était auprès de ſon Héros,
Et l'enchainait des chaines de Paphos.
Tels au retour de Flore, & du Zéphire,
Quand le Printéms reprend ſon doux empire,
Tous ces oiſeaux peints de mille couleurs
Par leurs amours agitent les feuillages:
Les papillons ſe baiſent ſur les fleurs,
Et les lions courent ſous les ombrages
A leurs moitiés qui ne ſont plus ſauvages.

C'eſt-

f) Nôtre auteur entend ſans doute l'artifice dont uſa Jacob quand il ſe fit paſſer pour Eſaü. *Pate-pelu* ſignifie les gants de peau & de poil dont il couvrit ſes mains.

C'eſt-là qu'il vit le beau François premier.
Ce brave Roi, ce loyal chevalier,
Avec Etampe g), heureuſement oublie
Les autres fers qu'il reçut à Pavie.
Là Charle-quint joint le mirthe au laurier,
Sert à la fois la Flamande & la Maure.
Quels Rois, ô Ciel! l'un à ce beau métier
Gagne la goute, & l'autre pis encore.
Près de Diane *h*) on voit danſer les ris,
Aux mouvements que l'amour lui fait faire,
Quand dans ſes bras tendrement elle ſerre
En ſe pâmant le ſecond des Henris.
De Charle neuf le ſucceſſeur volage,
Quitte en riant ſa Cloris pour un page,
Sans s'allarmer des troubles de Paris.
Mais quels combats le Jacobin vit rendre
Par Borgia le ſixiéme Alexandre!
En cent tableaux il eſt repréſenté.
Là ſans thiare & d'amour tranſporté,
Avec Vanoſe *k*) il ſe fait ſa famille.
Un peu plus bas on voit ſa Sainteté,
Qui s'attendrit pour Lucrèce ſa fille.
O Léon dix, ô ſublime Paul trois!
A ce beau jeu vous paſſiez tous les Rois;

Mais

g) Anne de Piſſeleu Ducheſſe d'Etampes.

h) Diane de Poitiers Ducheſſe de Valentinois.

i) Henri trois & ſes mignons.

k) Alexandre VI. Pape eut trois enfans de Vanoza. Lucrèce ſa fille paſſa pour être ſa maîtreſſe & celle de ſon frère: *Alexandri filia, ſponſa, nurus.*

Mais vous cédez à mon grand Béarnois,
A ce vainqueur de la Ligue rebelle,
A mon héros plus connu mille fois
Par les plaisirs que goûta Gabrielle, *l*)
Que par vingt ans de travaux & d'exploits.
  Bientôt on voit le plus beau des spectacles,
Ce siécle heureux, ce siécle des miracles,
Ce grand Louïs, cette superbe cour
Où tous les arts sont instruits par l'amour.
L'amour bâtit le superbe Versailles;
L'amour aux yeux des peuples éblouïs,
D'un lit de fleurs fait un trône à Louïs,
Malgré les cris du fier Dieu des batailles:
L'amour améne au plus beau des humains
De cette cour les rivales charmantes,
Toutes en feu, toutes impatientes;
De Mazarin la niéce aux yeux divins, *m*)
La généreuse & tendre la Valière,
La Montespan plus ardente & plus fière.
L'une se livre au moment de jouïr,
Et l'autre attend le moment du plaisir.
  Voici le tems de l'aimable Régence,
Tems fortuné, marqué par la licence,
Où la folie agitant son grelot,
D'un pied léger parcourt toute la France,
Où nul mortel ne daigne être dévot,
Où l'on fait tout excepté pénitence.

Le

l) La fameuse Gabrielle d'Etrées Duchesse de Beaufort.

m) Celle qui depuis fut la Connétable Colonne.

Le bon Régent de son palais royal
Des voluptés donne à tous le signal.
Vous répondez à ce signal aimable,
Jeune Daphné, bel astre de la cour,
Vous répondez du sein du Luxembourg,
Vous que Bacchus & le Dieu de la table
Ménent au lit, escortés par l'amour.
Mais je m'arrête, & de ce dernier âge
Je n'ose en vers tracer la vive image.
Trop de péril suit ce charme flatteur.
Le tems présent est l'arche du Seigneur;
Qui la touchait d'une main trop hardie,
Puni du Ciel tombait en létargie.
Je me tairai; mais si j'osais pourtant,
O des beautés aujourd'hui la plus belle,
O tendre objet, noble, simple, touchant,
Et plus qu'Agnès généreuse & fidelle;
Si j'osais mettre à vos genoux charmus
Ce grain d'encens que l'on doit à Vénus!
Si de l'amour je déployais les armes,
Si je chantais ce tendre & doux lien,
Si je disais.... non, je ne dirai rien,
Je serais trop au dessous de vos charmes.
Dans son extase enfin le moine noir
Vit à plaisir ce que je n'ose voir.
D'un œil avide, & toûjours très modeste,
Il contemplait le spectacle céleste
De ces amants arrangés bout à bout:
Charles second sur la belle Portsmouth,
George second sur la grasse Yarmouth:

Hélas,

Hélas, dit-il, si les grands de la terre
Font deux à deux cette éternelle guerre,
Si l'univers doit en passer par-là,
Dois-je gémir que Jean Chandos se mette
A deux genoux auprès de sa brunette?
Du Seigneur Dieu la volonté soit faite.
Amen, amen; il dit, & se pama,
Croyant jouïr de tout ce qu'il voit là.
Mais Saint Denis était loin de permettre
Qu'aux yeux du ciel Jean Chandos allât mettre
Et la pucelle & la France aux abois.
Ami lecteur, vous avez quelquefois
Oui conter qu'on nouait l'éguillette. *n*)
C'est une étrange & terrible recette,
Et dont un Saint ne doit jamais user,
Que quand d'une autre il ne peut s'aviser.
D'un pauvre amant le feu se tourne en glace;
Vif & perclus sans rien faire il se lasse;
Dans ses efforts étonné de languir,
Et consumé sur le bord du plaisir.
Telle une fleur des feux du jour séchée
La tête basse, & la tige panchée,
Demande en vain les humides vapeurs

O Qui

n) On portait autrefois des hauts-de-chausse attachés avec une éguillette; & on disait d'un homme qui n'avait pu s'acquitter de son devoir, que son éguillette était noüée. Les sorciers ont de tout tems passé pour avoir le pouvoir d'empêcher la consommation du mariage: cela s'appellait *noüer l'éguillette*. La mode des éguillettes passa sous Louïs XIV. quand on mit des boutons aux braguettes.

Qui lui rendaient la vie & les couleurs.
Voilà comment le bon Denis arrête
Le fier Anglais dans ses droits de conquête.
Jeanne échapant à son vainqueur confus,
Reprend ses sens quand il les a perdus,
Puis d'une voix imposante & terrible
Elle lui dit, Tu n'ès pas invincible;
Tu vois qu'ici dans le plus grand combat,
Dieu t'abandonne & ton cheval s'abat:
Dans l'autre un jour je vengerai la France,
Denis le veut, & j'en ai l'assurance;
Et je te donne avec tes combattans
Un rendez-vous sous les murs d'Orléans.
Le grand Chandos lui repartit; Ma belle,
Vous m'y verrez, pucelle ou non pucelle:
J'aurai pour moi Saint George le tres-fort,
Et je promets de reparer mon tort.

CHANT

CHANT QUATORZIEME.

Comment Jean Chandos veut abuser de la dévote Dorothée. Combat de la Trimouille & de Chandos. Ce fier Chandos est vaincu par Dunois.

O Volupté, mére de la nature, *a*)
Belle Vénus, seule Divinité,
Que dans la Grèce invoquait Epicure,
Qui du cahos chassant la nuit obscure,
Donnes la vie & la fécondité,
Le sentiment, & la félicité,
A cette foule innombrable, agissante
D'êtres mortels à ta voix renaissante;
Toi que l'on peint désarmant dans tes bras
Le Dieu du Ciel, & le Dieu de la guerre,
Qui d'un sourire écartes le tonnerre,
Rends l'air serein, fais naître sous tes pas

 Tous

a) Cet exorde semble imité du premier chant de l'admirable poëme de Lucrèce:

Æneadum genitrix hominum divumque voluptas,
Alma Venus cæli subter labentia signa, &c. &c.

Tous les plaiſirs qui conſolent la terre ;
Deſcend des cieux, Déeſſe des beaux jours,
Viens ſur ton char entouré des amours
Que les zéphirs ombragent de leurs aîles,
Que font voler tes colombes fidèles
En ſe baiſant dans le vague des airs.
Viens échauffer & calmer l'univers ;
Viens, qu'à ta voix les ſoupçons, les querelles,
Le triſte ennui plus déteſtable qu'elles,
La noire envie à l'œil louche & pervers,
Soient replongés dans le fond des enfers,
Et garrotés de chaînes éternelles :
Que tout s'enflamme & s'uniſſe à ta voix ;
Que l'univers en aimant ſe maintienne :
Jettons au feu nos vains fatras de loix,
N'en ſuivons qu'une, & que ce ſoit la tienne.
Tendre Vénus, conduis en ſureté
Le Roi des Francs, qui défend ſa patrie.
Loin des périls conduis à ſon côté
La belle Agnès à qui ſon cœur ſe fie.
Pour ces amants de bon cœur je te prie.
Pour Jeanne d'Arc je ne t'invoque pas,
Elle n'eſt pas encor ſous ton empire :
C'eſt à Denis de veiller ſur ſes pas ;
Elle eſt pucelle, & c'eſt lui qui l'inſpire.
Je recommande à tes douces faveurs
Ce la Trimouille & cette Dorothée.
Verſe la paix dans leurs ſenſibles cœurs ;
De ſon amant que jamais écartée
Elle ne ſoit expoſée aux fureurs

Des

Des ennemis qui l'ont perſécutée.
Et toi, Comus *b*), récompenſe Bonneau,
Répand tes dons ſur ce bon Tourangeau,
Qui ſut conclure un accord pacifique
Entre ſon Prince, & ce Chandos cinique.
Il obtint d'eux avec dextérité,
Que chaque troupe irait de ſon côté,
Sans nul reproche & ſans nulles querelles,
A droite, à gauche, ayant la Loire entr'elles.]
Sur les Anglais il étendit ſes ſoins,
Selon leurs goûts, leurs mœurs, & leurs beſoins.
Un gros *roſtbif* que le beurre aſſaiſonne, *c*)
Des *plumpuddings*, des vins de la Garonne
Leur ſont offerts; & les mets plus exquis,
Les ragoûts fins dont le jus pique & flatte,
Et les perdrix à jambes d'écarlatte,
Sont pour le Roi, les belles, les Marquis.
Le fier Chandos partit donc après boire,
Et côtoya les rives de la Loire,
Jurant tout haut que la premiére fois
Sur la pucelle il reprendrait ſes droits.
En attendant il reprit ſon beau page.
Jeanne revint, ranimant ſon courage,
Se replacer à côté de Dunois.

O 3 Le

b) Comus, Dieu des feſtins.

c) *Roſt-beef* prononcez *Roſtbif*; c'eſt le mets favori des Anglais; c'eſt ce que nous appellons un *Aloyau*. Les *puddings* ſont des patiſſeries; il y a des *plumpuddings*, des *breadpuddings*, & pluſieurs autres ſortes de *puddings*. *Notandi ſunt tibi mores.*

Le Roi des Francs avec ſa garde bleüe,
Agnès en tête, un confeſſeur en queuë,
A remonté l'eſpace d'une lieue
Les bords fleuris où la Loire s'étend
D'un cours tranquille & d'un flot inconſtant.
Sur des bateaux & des planches uſées
Un pont joignait les rives oppoſées.
Une chapelle était au bout du pont.
C'était Dimanche. Un hermite à ſandale
Fait reſonner ſa voix ſacerdotale :
Il dit la Meſſe; un enfant la répond.
Charle & les ſiens ont eu ſoin de l'entendre
Dès le matin au château de Cutendre;
Mais Dorothée en entendait toûjours
Deux pour le moins, depuis qu'à ſon ſecours
Le juſte Ciel vengeur de l'innocence
Du grand bâtard employa la vaillance,
Et protégea ſes fidèles amours.
Elle deſcend, ſe retrouſſe, entre vîte,
Signe ſa face en trois jets d'eau bénite,
Plie humblement l'un & l'autre genou,
Joint les deux mains & baiſſe ſon beau cou.
Le bon hermite en ſe tournant vers elle,
Tout éblouï, ne ſe connaiſſant plus,
Au lieu de dire un *fratres oremus*,
Roulant les yeux, dit, *fratres, qu'elle eſt belle!*
Chandos entra dans la même chapelle,
Par paſſe-tems, beaucoup plus que par zèle.
La tête haute il ſalue en paſſant
Cette beauté dévote à la Trimouille,

Et

Et derrière elle en sifflant s'agenouille,
Sans un seul mot de *pater*, ou d'*avè*.
D'un cœur contrit au Seigneur élevé,
D'un air charmant, la tendre Dorothée
Se prosternait par la grace excitée,
Front contre terre & derriére levé;
Son court jupon retroussé par mégarde
A découvert deux jambes dont l'amour
A dessiné la forme & le contour,
Jambes d'yvoire, & telles que Diane
En laissa voir au chasseur Actéon.
Chandos alors faisant peu l'oraison,
Sentit au cœur un désir très profane.
Sans nul respect pour un lieu si divin,
Il va glissant une insolente main
Sous le jupon qui couvre un blanc satin.
Je ne veux point par un crayon cinique,
Effarouchant l'esprit sage & pudique
De mes lecteurs, étaler à leurs yeux
Du grand Chandos l'effort audacieux.
Mais la Trimouille ayant vû disparaître
Le tendre objet dont l'amour le fit maître,
Vers la Chapelle il adresse ses pas.
Jusqu'où l'amour ne nous conduit-il pas?
La Trimouille entre au moment où le Prétre
Se retournait, où l'insolent Chandos
Etait tout près du plus charmant des dos,
Où Dorothée effrayée, éperdüe,
Poussait des cris qui vont fendre la nüe:
Je voudrais voir nos bons peintres nouveaux

Sur cette affaire exerçant leurs pinceaux,
Peindre à plaisir sur ces quatre visages
L'étonnement des quatre personnages.
Le Poitevin criait à haute voix,
Oses-tu bien, chevalier discourtois,
Anglais sans frein, profanateur impie,
Jusqu'en ces lieux porter ton infamie?
D'un ton railleur où régne un air hautain,
Se rajustant, & regagnant la porte,
Le fier Chandos lui dit, Que vous importe?
De cette Eglise êtes-vous sacristain?
Je suis bien plus, dit le Français fidèle,
Je suis l'amant aimé de cette belle;
Ma coutume est de venger hautement
Son tendre honneur attaqué trop souvent.
Vous pourriez bien risquer ici le vôtre,
Lui dit l'Anglais: nous savons l'un & l'autre
Nôtre portée, & Jean Chandos peut bien
Lorgner un dos, mais non montrer le sien.
Le beau Français, & le Breton qui raille,
Font préparer leurs chevaux de bataille.
Chacun reçoit des mains d'un écuyer
Sa longue lance & son rond bouclier,
Se met en selle, & d'une course fière
Passe, repasse, & fournit sa carrière.
De Dorothée & les cris & les pleurs
N'arrêtaient point l'un & l'autre adversaire.
Son tendre amant lui criait, Beauté chère,
Je cours pour vous, je vous venge, ou je meurs.
Il se trompait: sa valeur & sa lance

Bril,

Brillaient en vain pour l'amour & la France.
  Après avoir en deux endroits percé
De Jean Chandos le haubert fracassé,
Prêt à saisir une victoire sûre,
Son cheval tombe, & sur lui renversé
D'un coup de pied sur son casque faussé
Lui fait au front une large blessure.
Le sang vermeil coule sur la verdure.
L'hermite accourt; il croit qu'il va passer,
Crie *in manus*, & le veut confesser.
Ah Dorothée! ah douleur inouie!
Auprès de lui sans mouvement, sans vie,
Ton désespoir ne pouvait s'exhaler.
Mais que dis-tu lorsque tu pus parler?
Mon cher amant! c'est donc moi qui te tuë?
De tous tes pas la compagne assidue
De devait pas un moment s'écarter;
Mon malheur vient d'avoir pû te quitter.
Cette chapelle est ce qui m'a perdue,
Et j'ai trahi la Trimouille & l'amour,
Pour assister à deux messes par jour!
Ainsi parlait sa tendre amante en larmes.
  Chandos riait du succès de ses armes.
„ Mon beau Français, la fleur des chevaliers,
„ Et vous aussi, dévote Dorothée,
„ Couple amoureux, soyez mes prisonniers,
„ De nos combats c'est la loi respectée:
„ J'eus un moment Agnès en mon pouvoir;
„ Puis j'abbatis sous moi votre pucelle;
„ Je l'avouerai, je fis mal mon devoir:

„ J'en

„ J'en ai rougi ; mais avec vous la belle
„ Je reprendrai tout ce que je perdis ;
„ Et la Trimouille en dira son avis.
Le Poitevin Dorothée & l'hermite
Tremblaient tous trois à ce propos affreux ;
Ainsi qu'on voit au fonds des antres creux
Une bergere, éplorée, interdite
Et son troupeau que la crainte a glacé
Et son beau chien par un loup terrassé.
Le juste Ciel tardif en sa vengeance,
Ne souffrit par cet excès d'insolence :
De Jean Chandos les péchés redoublés,
Filles, garçons, tant de fois violés,
Impieté, blasphème, impénitence,
Tout en son tems fut mis dans la balance,
Et fut pesé par l'ange de la mort.
Le grand Dunois avait de l'autre bord
Vû le combat & la déconvenüe
De la Trimouille ; une femme éperdüe,
Qui le tenait languissant dans ses bras,
L'hermite auprès qui marmote tout bas,
Et Jean Chandos qui près d'eux caracole,
A ces objets il pique, il court, il vole.
C'était alors l'usage en Albion,
Qu'on apellât les choses par leur nom.
Déja du pont franchissant la barrière,
Vers le vainqueur il s'était avancé.
d) *Fils de putain* nettement prononcé,
Frappe

d) Il l'était en effet.

Frappe au timpan de son oreille altière.
Oui je le suis, dit-il, d'une voix fière,
Tel fut Alcide, & le divin Bacchus, *e*)
L'heureux Persée & le grand Romulus,
Qui des brigands ont délivré la terre.
C'est en leur nom que j'en vai faire autant.
Va, souvien-toi que d'un bâtard Normand *f*)
Le bras vainqueur a soumis l'Agleterre.
O vous, bâtards du Maître du tonnerre,
Guidez ma lance & conduisez mes coups!
L'honneur le veut, vengez-moi, vengez-vous.
Cette priére était peu convenable;
Mais le héros sçavait très-bien la fable,
Pour lui la Bible eut des charmes moins doux.
Il dit & part. Les molettes dorées
Des éperons armés de courtes dents,
De son coursier piquent les nobles flancs.
Le premier coup de sa lance acèrée
Fend de Chandos l'armure diaprée,
Et fait tomber une part du collet
Dont l'acier joint le casque au corcelet.
  Le brave Anglais porte un coup effroïable;
Du bouclier la voûte impénétrable
Reçoit le fer qui s'écarte en glissant.
Les deux guerriers se joignent en passant;
Leur

e) Alcide, Bacchus, Persée fils de Jupiter, Romulus de Mars, &c.

f) Guillaume le conquérant, bâtard d'un Duc de Normandie, fils de putain comme le remarque judicieusement l'auteur d'après Mylord Ch. . . . d.

Leur force augmente ainsi que leur colère:
Chacun saisit son robuste adversaire.
Les deux coursiers sous eux se dérobants,
Débarrassés de leurs fardeaux brillants,
S'en vont en paix errer dans les campagnes.
Tels que l'on voit dans d'affreux tremblements
Deux gros rochers détachés des montagnes,
Avec grand bruit l'un sur l'autre roulans;
Ainsi tombaient ces deux fiers combattans,
Frappant la terre & tous deux se serrans.
Du choc bruïant les échos retentissent,
L'air s'en émeut, les nimphes en gémissent.
Ainsi quand Mars suivi par la terreur,
Couvert de sang, armé par sa fureur,
Du haut des Cieux descendait pour défendre
Les habitans des rives du Scamandre,
Et quand Pallas animait contre lui
Cent Rois ligués dont elle était l'apui;
La terre entière en était ébranlée,
De l'Achéron la rive était troublée, g).
Et pâlissant sur ses horribles bords,
Pluton tremblait pour l'empire des morts.
Les deux héros fièrement se relèvent,
Les yeux en feu se regardent, s'observent,
Tirant leur sabre, & sous cent coups divers
Rompent l'acier dont tous deux sont couverts.
Déja le sang coulant de leurs blessures
D'un

g) Cet endroit est encor imité d'Homère, mais ceux qui font semblant de l'avoir lû dans le Grec, diront que le Français ne peut jamais en approcher.

D'un rouge noir avait teint leurs armures.
Les ſpectateurs en foule ſe preſſants
Faiſoient un cercle autour des combattans,
Le cou tendu, l'œil fixé, ſans haleine,
N'oſant parler & remuant à peine.
On en vaut mieux quand on eſt regardé;
L'œil du public eſt aiguillon de gloire.
Les champions n'avaient que préludé
A ce combat d'éternelle mémoire.
Achille, Hector, & tous les demi-Dieux,
Les grenadiers bien plus terribles qu'eux,
Et les lions beaucoup plus redoutables,
Sont moins cruels, moins fiers, moins implacables,
Moins acharnés. Enfin l'heureux bâtard
Se ranimant, joignant la force à l'art,
Saiſit le bras de l'Anglais qui s'égare,
Fait d'un revers voler ſon fer barbare,
Puis d'une jambe avancée à propos
Sur l'herbe rouge étend le grand Chandos;
Mais en tombant ſon ennemi l'entraine.
Couverts de poudre ils roulent dans l'Aréne,
L'Anglais deſſous & le Français deſſus.
  Le doux vainqueur dont les nobles vertus
Guident le cœur quand ſon ſort eſt proſpère,
De ſon genou preſſant ſon adverſaire,
Ren-toi, dit-il; Oui, dit Chandos, attends,
Tien, c'eſt ainſi, Dunois, que je me rends.
Tirant alors pour reſſource dernière
Un ſtilet court, il étend en arrière
Son bras nerveux; le ramène en jurant,

Et frappe au cou ſon vainqueur bienfaiſant :
Mais une maille en cet endroit entière
Fit émouſſer la pointe meurtrière.
Dunois alors cria, tu veux mourir,
Meûrs, ſcélerat ; & ſans plus diſcourir,
Il vous lui plonge avec peu de ſcrupule
Son fer ſanglant devers la clavicule.
Chandos mourant, ſe débattant en vain,
Diſait encor tout bas, *fils de putain* !
Son cœur altier, inhumain, ſanguinaire
Juſques au bout garda ſon caractère.
Ses yeux, ſont front pleins d'une ſombre horreur,
Son geſte encor menaçaient ſon vainqueur.
Son ame impie, inflexible, implacable
Dans les enfers alla braver le Diable.
Ainſi finit comme il avait vécu
Ce dur Anglais par un Français vaincu.
  Le beau Dunois ne prit point ſa dépouille :
Il dédaignait ces uſages honteux,
Trop établis chez les Grecs trop fameux.
Tout occupé de ſon cher la Trimouille,
Il le ramène, & deux fois ſon ſecours
De Dorothée ainſi ſauva les jours.
Dans le chemin elle ſoutient encore
Son tendre amant qui de ſes mains preſſé,
Semble revivre & n'être plus bleſſé
Que de l'éclat de ces yeux qu'il adore ;
Il les regarde & reprend ſa vigueur.
Sa belle amante au ſein de la douleur,
Sentit alors le doux plaiſir renaître :

Les

Les agrémens d'un fourire enchanteur
Parmi fes pleurs commençaient à paraître ;
Ainfi qu'on voit un nuage éclairé
Des doux raïons d'un Soleil tempéré.
Le Roi Gaulois, fa maîtreffe charmante,
L'illuftre Jeanne embraffent tour à tour
L'heureux Dunois, dont la main triomphante
Avait vengé fon pays & l'amour.
On admirait furtout fa modeftie,
Dans fon maintien, dans chaque repartie.
Il eft aifé, mais il eft beau pourtant
D'être modefte alors que l'on eft grand.
Jeanne étouffait un peu de jaloufie,
Son cœur tout bas fe plaignait du deftin.
Il lui fâchait que fa pucelle main
Du mécréant n'eut pas tranché la vie :
Se fouvenant toûjours du double affront,
Qui vers Cutendre a fait rougir fon front,
Quand par Chandos au combat provoquée,
Elle fe vit abattue & manquée.

CHANT QUINZIEME.

Grand repas à l'hôtel de Ville d'Orléans, suivi d'un assaut général. Charles attaque les Anglais. Ce qui arrive à la belle Agnès & à ses compagnons de voyage.

J'Aurais voulu dans cette belle histoire
Ecrite en or au temple de mémoire,
Ne présenter que des faits éclatans;
Et couronner mon Roi dans Orléans
Par la Pucelle, & l'amour, & la gloire.
Il est bien dur d'avoir perdu mon temps
A vous parler de Cutendre, & d'un page,
de Grisbourdon, de sa lubrique rage,
D'un muletier, & de tant d'accidents,
Qui font grand tort au fil de mon ouvrage.
Mais vous savez que ces évenements
Furent écrits par Tritême le sage;
Je le copie & n'ai rien inventé;
Dans ces détails si mon lecteur s'enfonce,
Si quelquefois sa dure gravité
Juge mon sage avec sévérité,
A certains traits si le sourcil lui fronce,

Il peut, s'il veut, paſſer ſa pierre ponce *a*)
Sur la moitié de ce livre enchanté,
Mais qu'il reſpecte au moins la vérité.
O vérité vierge pure & ſacrée,
Quand ſeras-tu dignement révérée?
Divinité qui ſeule nous inſtruits,
Pourquoi mets-tu ton palais dans un puits?
Du fond du puits quand ſeras-tu tirée?
Quand verrons-nous nos doctes écrivains
Exemps de fiel, libres de flatterie,
Fidélement nous apprendre la vie,
Les grands exploits de nos beaux Paladins?
Oh qu'Arioſte étala de prudence,
Quand il cita l'Archevêque Turpin! *b*)
Ce témoignage à ſon livre divin
De tout lecteur attire la croyance.
Tout inquiet encor de ſon deſtin
Vers Orléans Charle était en chemin,
Environné de ſa troupe dorée,
Et demandant à Dunois des conſeils,
Ainſi que font tous les Rois ſes pareils,
Dans le malheur dociles & traitables,

P Dans

a) Dit-on pierre ponce ou de ponce? C'eſt une grande queſtibn.

b) L'Archevêque Turpin à qui l'on attribue la vie de Charlemagne & de Roland, était Archevêque de Reims ſur la fin du huitiéme ſiécle: ce livre eſt d'un moine nommé Turpin qui vivait dans l'onziéme, & c'eſt de ce roman que l'Arioſte a tiré quelques-uns de ſes contes. Le ſage auteur feint ici qu'il a puiſé ſon poëme dans l'Abbé Tritême.

Dans la fortune un peu moins praticables.
Charle croyait qu'Agnès & Bonifoux
Suivaient de loin. Plein d'un espoir si doux
L'amant Royal souvent tourne la tête
Pour voir Agnès, & regarde, & s'arrête:
Et quand Dunois préparant ses succès
Nomme *Orléans*, le Roi lui nomme *Agnès.*
L'heureux bâtard dont l'active prudence
Ne s'occupait que du bien de la France,
Le jour baissant découvre un petit Fort
Que négligeait le bon Duc de Betfort.
Ce Fort touchait à la ville investie:
Dunois le prend, le Roi s'y fortifie.
Des assiégeans c'était les magazins.
Le Dieu sanglant qui donne la victoire,
Le Dieu joufflu qui préside aux festins,
D'emplir ces lieux se disputaient la gloire
L'un de canons, & l'autre de bons vins:
Tout l'appareil de la guerre effroyable,
Tous les apprêts des plaisirs de la table
Se rencontraient dans ce petit château,
Quel vrais succès pour Dunois & Bonneau!
Tout Orléans à ces grandes nouvelles
Rendit à DIEU des graces solemnelles.
Un *Te Deum* en *c*) faux bourdon chanté

Devant

c) Le faux bourdon est un plein chant mesuré. Le serpent de la paroisse donne le ton, & toutes les parties s'accordent comme elles peuvent. C'est une musique excellente pour les gens qui n'ont point d'oreille.

Devant les chefs de la noble cité
Un long dîner où le Juge & le Maire,
Chanoine, Evêque, & Guerrier invité
Le verre en main tombèrent tous par terre,
Un feu sur l'eau dont les brillants eclairs
Dans la nuit sombre illuminent les airs,
Les cris du peuple & le canon qui gronde
Avec fracas annoncèrent au monde
Que le Roi Charle à ses sujets rendu
Va retrouver tout ce qu'il a perdu.

Ces chants de gloire & ces bruits d'allégresse
Furent suivis par des cris de détresse.
On n'entend plus que le nom de Betfort,
Alerte, aux murs, à la brêche, à la mort.
L'Anglais usait de ces moments propices
Où nos bourgeois en vuidant les flacons
Louaient leur Prince, & dansaient aux chansons.
Sous une porte on plaça deux saucisses,
Non de boudin, non telles que Bonneau
En inventa pour un ragoût nouveau :
Mais saucissons dont la poudre fatale
Se dilatant, s'enflant avec éclair
Renverse tout, confond la terre & l'air,
Machine affreuse, homicide, infernale
Qui contenait dans son ventre de fer
Ce feu pétri des mains de Lucifer.
Par une mêche artistement posée
En un moment la matiére embrasée,
S'étend, s'élève, & porte à mille pas
Bois, gonds, battants & ferrure en éclats.

Le fier Talbot entre & ſe précipite.
Fureur, ſuccès, gloire, amour, tout l'excite.
On voit de loin briller ſur ſon armet
En or friſé le chifre de Louvet:
Car la Louvet était toûjours la Dame
De ſes penſers, & piquait ſa grande ame.
Il prétendait careſſer ſes beautés
Sur les débris des murs enſanglantés.
Ce beaú Breton cet enfant de la guerre
Conduit ſous lui les braves d'Angleterre.
Allons, dit-il, genereux conquerants
Portons par tout & le fer & les flammes,
Buvons le vin des poltrons d'Orléans,
Prenons leur or, baiſons toutes leurs femmes.
Jamais Céſar dont les traits éloquents
Portaient l'audace & l'honneur dans les ames
Ne parla mieux à ſes fiers combattans.
Sur ce terrain que la porte enflammée
Couvre en ſautant d'une epaiſſe fumée,
Eſt un rempart que la Hire & Poton
Ont elevé de pierre & de gazon.
Un parapet garni d'artillerie,
Peut repouſſer la premiére furie,
Les premiers coups du terrible Betfort.
Poton, la Hire y paraiſſent d'abord.
Un peuple entier derrière eux s'evertuë,
Le canon gronde, & l'horrible mot tuë
Eſt repeté quand les bouches d'Enfer
Sont en ſilence & ne troublent plus l'air.
Vers le rempart les échelles dreſſées

Portent déja cent cohortes preſſées.
Et le ſoldat le pié ſur l'echelon,
Le fer en main pouſſe ſon compagnon.
Dans ce péril, ni Poton ni la Hire
N'ont oublié leur eſprit qu'on admire.
Avec prudence ils avaient tout prévu,
Avec adreſſe à tout ils ont pourvu.
L'huile bouillante & la poix embraſée,
D'épieux pointus une forêt croiſée,
De larges faulx, que leur tranchant effort
Fait reſſembler à la faulx de la mort,
Et des mouſquets qui lancent les tempêtes
De plomb volant ſur les Bretonnes têtes,
Tout ce que lart & la néceſſité,
Et le malheur & l'intrépidité,
Et la peur même ont pu mettre en uſage,
Eſt employé dans ce jour de carnage.
Que de Bretons bouillis, coupés, percés,
Mourants en foule & par rangs entaſſés!
Ainſi qu'on voit ſous cent mains diligentes
Choir les épis des moiſſons jauniſſantes.
Mais cet aſſaut fiérement ſe maintient,
Plus il en tombe, & plus il en revient.
De l'hydre affreux les têtes menaçantes
Tombant à terre, & toûjours renaiſſantes
N'effraïaient point le fils de Jupiter;
Ainſi l'Anglais dans les feux, ſous le fer,
Après ſa chute encor plus formidable,
Brave en montant le nombre qui l'accable.
Tu t'avançais ſur ces remparts ſanglants

Fier Richemont, digne espoir d'Orléans.
Cinq cent Bourgeois, gens de cœur & d'élite
En chancelant marchent sous sa conduite,
Enluminés du gros vin qu'ils ont bû;
Sa séve encor animait leur vertu.
Et Richemont criait d'une voix forte,
Pauvres Bourgeois, vous n'avez plus de porte;
Mais vous m'avez, il suffit, combattons.
Il dit, & vole au milieu des Bretons.
Déja Talbot s'était fait un passage
Au haut du mur, & déja dans sa rage
D'un bras terrible il porte le trépas.
Il fait de l'autre avancer ses soldats;
Criant Louvet d'une voix stentorée; d)
Louvet l'entend, & s'en tient honorée.
Tous les Anglais criaient aussi Louvet,
Mais sans savoir ce que Talbot voulait.
O sots humains! on fait trop vous apprendre
A répéter ce qu'on ne peut comprendre.
  Charle en son Fort tristement retiré,
D'autres Anglais par malheur entouré,
Ne peut marcher vers la ville attaquée.
D'accablement son ame est suffoquée.
Quoi, disait-il, ne pouvoir sécourir
Mes chers sujets que mon œil voit périr?
  Ils ont chanté le retour de leur Maître.
J'allais entrer, & combattre, & peut être
Les délivrer des Anglais inhumains.

Le

d) Stentor était le crieur d'Homère. Il est immortalisé pour ce beau talent, & le mérite bien.

Le ſort cruel enchaîne ici mes mains.
Non, lui dit Jeanne, il eſt tems de paraître.
Venez, mettez en ſignalant vos coups
Ces durs Bretons entre Orléans & vous.
Marchez mon Prince, & vous ſauvez la ville;
Nous ſommes peu, mais vous en valez mille.
Charle lui dit; quoi! vous ſavez flatter!
Je vaux bien peu, mais je vais mériter,
Et vôtre eſtime, & celle de la France;
Et des Anglais. Il dit, pique, & s'avance.
Devant ſes pas l'Oriflamme eſt porté,
Jeanne & Dunois volent à ſon côté.
Il eſt ſuivi de ſes gens d'ordonnance,
Et l'on entend à travers mille cris,
Vive le Roi, Mont-joye & Saint Dénis.
Charle, Dunois, & la Baroiſe altière
Sur les Bretons s'élancent par derrière:
Tels que des monts qui tiennent dans leur ſein
Les reſervoirs du Danube & du Rhin,
L'aigle ſuperbe aux aîles étenduës
Aux yeux perçants, aux huit griffes pointuës;
Planant dans l'air tombe ſur des faucons
Qui s'acharnaient ſur le cou des hérons.
Ce fut alors que l'audace Anglicane,
Semblable au fer ſur l'enclume battu,
Qui de ſa trempe augmente la vertu,
Repouſſa bien la valeur Gallicane.
Les voyez-vous ces enfans d'Albion
Et ces ſoldats des fils de Clodion,
Fiers, enflammés, de ſang inſatiables,

Ils ont volé comme un vent dans les airs.
Dès qu'ils ſont joints, ils ſont inébranlables
Comme un rocher ſous l'écume des mers.
Pied contre pied, aigrette contre aigrette,
Main contre main, œil contre œil, corps à corps
En jurant Dieu l'un ſur l'autre on ſe jette
Et l'un ſur l'autre on voit tomber les morts.
Oh, que ne puis-je en grands vers magnifiques
Ecrire au long tant de faits héroïques!
Homère ſeul a le droit de conter
Tous les exploits, toutes les avantures,
De les étendre & de les répeter,
De ſupputer les coups & les bleſſures
Et d'ajouter aux grands combats d'Hector,
De grands combats, & des combats encor.
C'eſt là, ſans doute, un ſûr moyen de plaire,
Je ne l'ai point, il convient de me taire.

CHANT SEIZIEME.

Comment St. Pierre appaiſa St. George & St. Denis, & comment il promit un beau prix à celui des deux qui lui aporterait la meilleure Ode. Mort de la belle Roſamore.

PAlais des Cieux ; ouvrez-vous à ma voix,
Etres brillants, aux ſix aîles légères,
Dieux emplumés dont les mains tutélaires,
Font les deſtins des peuples & des Rois!
Vous qui cachez en étendant vos aîles,
Des derniers Cieux les ſplendeurs éternelles,
Daignez un peu vous ranger de côté :
Laiſſez-moi voir en cette horrible affaire,
Ce qui ſe paſſe au fond du ſanctuaire ;
Et pardonnez ma curioſité.
Cette priére eſt de l'Abbé Tritême, *a*)
Non pas de moi ; car mon œil effronté

Ne

a) J'avoue que je ne l'ai point lû dans Tritême, mais il ſe peut que je n'aye pas lû tous les ouvrages de ce grand homme.

Ne peut percer jusqu'à la Cour suprême,
Je n'aurais pas tant de témérité.
  Le dur saint George, & Denis nôtre Apôtre
Etaient au Ciel enfermés l'un & l'autre,
Ils voyaient tout; mais ils ne pouvaient pas
Prêter leurs mains aux terrestres combats;
Ils caballaient: c'est tout ce qu'on peut faire,
Et ce qu'on fait quand on est à la Cour.
George & Denis s'adressent tour à tour
Dans l'Empirée au bon Monsieur saint Pierre.
  Ce grand portier dont le Pape est vicaire,
Dans ses filets envelopant le sort
Sous sês deux clefs tient la vie & la mort.
Pierre leur dit, vous avez pû connaître,
Mes chers amis, quel affront je reçus
Quand je remis une oreille à Malcus.
Je me souviens de l'ordre de mon maître,
Il fit rentrer mon fer dans son foureau *b*)
Il m'a privé du droit brillant des armes;
Mais, j'imagine un moyen tout nouveau
Pour décider de vos grandes allarmes.
  Vous, saint Denis, prenez dans ce canton
Les plus grands saints qu'ait vû naître la France,
Vous, Monsieur George, allez en diligence
Prendre les saints de l'Isle d'Albion.
Que chaque troupe en ce moment compose
Une

b) *Remettez vôtre épée en son lieu, car qui prendra l'épée, périra par l'épée.* St. Pierre conseille ici avec une pieté adroite aux Anglais, de ne pas faire la guerre.

Une hymne en vers, non pas une ode en profe.
Houdart à tort; il faut dans ces hauts lieux *c*)
Parler toûjours le langage des Dieux;
Qu'on faffe, dis-je, une ode pindarique
Où le poëte exalte mes vertus,
Ma primauté, mes droits, mes attributs,
Et que le tout foit mis vite en mufique;
Chez les mortels il faut toûjours du temps
Pour rimailler des vers affez méchants:
On va plus vîte au féjour de la gloire.
Allez, vous dis-je, exercez vos talents;
La meilleure ode obtiendra la victoire;
Et vous ferez le fort des combattants.
  Ainfi parla du plus haut de fon trône
Aux deux rivaux l'infaillible Barjône,
Cela fut dit en deux mots, tout au plus;
Le laconifme eft langue des élus.
En un clin d'œil, les deux rivaux céleftes
Vont affembler les faints de leur païs,
Qui fur la terre ont été beaux efprits.
  Le bon patron qu'on révère à Paris,
Fit auffitôt feoir à fa table ronde
Saint Fortunat *d*) peu connu dans le Monde,
Et

c) La Motte Houdart, poëte un peu fec, mais qui a fait d'affez bonnes chofes, avait malheureufement fait des odes en profe en 1730. preuve nouvelle que ce poëme divin fut compofé vers ce temps là.

d) Fortunat, Evêque de Poitiers, poëte. Il n'eft pas l'auteur du *Pangé-lingua* qu'on lui attribue.

Et qui paſſait pour l'auteur du *Pangé*;
Et ſaint Profper *e*) d'épitêtes chargé,
Quoi qu'un peu dur, & qu'un peu Janſéniſte.
Il mit auſſi Grégoire dans ſa liſte,
Le grand Grégoire *f*) Evêque Tourangeau,
Cher au païs qui vit naître Bonneau.
Et ſaint Bernard *g*) fameux par l'antithèſe,
Qui dans ſon tems n'avait pas ſon pareil;
Et d'autres ſaints pour ſervir de conſeil.
Sans prendre avis, il eſt rare qu'on plaiſe.
George en voyant tous ces ſoins de Denis
Le regardait d'un dédaigneux ſouris;
Il aviſa dans le ſacré pourpis
Un ſaint Auſtin prêcheur de l'Angleterre, *h*)
Puis en ces mots il lui dit ſon avis.
Bon homme Auſtin, je ſuis né pour la guerre
Non

e) St. Profper, auteur d'un poëme fort ſec ſur la grace, au cinquiéme ſiécle.

f) Grégoire de Tours, le premier qui écrivit une Hiſtoire de France, toute pleine de miracles.

g) St. Bernard, Bourguignon, né en 1091., moine de Citaux, puis Abbé de Claivaux; il entra dans toutes les affaires publiques de ſon temps, & agit autant qu'il écrivit. On ne voit pas qu'il ait fait beaucoup de vers. Quant à l'antithèſe dont nôtre auteur le glorifie, il eſt vrai qu'il était grand amateur de cette figure. Il dit d'Abelard, *Leonem invaſimus incidemus in draconem.* Sa mére étant groſſe de lui, ſongea qu'elle accouchait d'un chien blanc, & on lui prédit que ſon fils ferait moine, & aboyerait contre les mondains.

h) St. Auſtin, ou Auguſtin, moine qu'on regarde comme le fondateur de la Primatie de Canthoberi, ou Kenterburi.

Non pour les vers, dont je fais peu de cas;
Je sçais brandir mon large cimeterre,
Pour fendre un buste, & casser tête & bras;
Tu sçais rimer; travaille, versifie,
Soutiens en vers l'honneur de la patrie,
Un seul Anglais dans les champs de la mort
De trois Français triomphe sans effort;
Nous avons vû devers la Normandie,
Dans le haut Maine, en Guienne, en Picardie
Ces beaux Messieurs aisément mis à bas;
Si pour fraper nous avons meilleurs bras
Crois en fait d'hymne, & d'ode, & d'œuvre telle
Quand il s'agit de penser, de rimer
Que nous avons non moins bonne cervelle.
Travaille, Austin, cours en vers t'escrimer:
Je veux que Londre ait à jamais l'Empire
Dans les deux arts, de bien faire & bien dire;
Denis ameute un tas de rimailleurs,
Qui tous ensemble ont très peu de génie;
Travaille seul: tu sçais tes vieux auteurs;
Courage, allons, prends ta harpe bénie
Et moque toi de son Académie.

Le bon Austin de cet emploi chargé
Le remercie en auteur protégé.
Denis & lui dans un réduit commode
Vont se tapir; & chacun fit son ode
Quand tout fut fait, les brulants séraphins,
Les gros jouflus, têtes de chérubins,
Près de Barjône en deux rangs se perchèrent:
Au dessous d'eux les Anges se nichèrent,

Et

Et tous les ſaints ſoigneux de s'arranger,
Sur des gradins s'aſſirent pour juger.
Auſtin commence : il chantait les prodiges
Qui de l'Egypte endurcirent les cœurs ;
Ce grand Moïſe, & ſes imitateurs
Qui l'égalaient dans ſes divins preſtiges ;
Les flots du Nil jadis ſi bien faiſants
D'un ſang affreux dans leur courſe écumants
Du noir limon les venimeux reptiles,
Changés en verge, & la verge en ſerpents,
Le jour en nuit ; les deſerts & les villes,
De moucherons, de vermine couverts,
La rogne aux os, la foudre dans les airs ;
Les premiers nés d'une race rebelle,
Tous égorgés par l'Ange du Seigneur,
L'Egypte en deuil, & le peuple fidéle
De ſes patrons emportant la vaiſſelle, *i*)
Et par le vol méritant ſon bonheur :
Ce peuple érrant pendant quarante années ;
Vingt mille Juifs égorgés pour un veau, *k*)
Vingt mille encor envoyés au tombeau
Pour avoir eu des amours fortunées. *l*)
Et puis Aod, ce Ravaillac Hébreu, *m*)

Aſſaſ-

i) Les Juifs empruntèrent, comme on ſçait, les vaſes des Egyptiens, & s'enfuirent.

k) Les Lévites qui égorgèrent vingt mille de leurs fréres.

l) Phinée qui fit maſſacrer vingt-quatre mille de ſes fréres, parce qu'un deux couchait avec une Madianite.

m) Aod, ou Eüd, aſſaſſina le Roi Eglon, mais de la main gauche.

Aſſaſſinant ſon maître au nom de Dieu ;
Et Samuël qui d'une main divine
Prend ſur l'autel un couteau de cuiſine,
Et bravement met Agag en hachis, *n*)
Car cet Agag était incirconcis.
Puis la beauté qui ſauvant Béthulie, *o*)
Si purement de ſon corps fit folie.
Le bon Baza qui maſſacra Nadad ; *p*)
Et puis Achab mourant comme un impie, *q*)
Pour n'avoir pas égorgé Benhadad.
Le Roi Joas meurtri par Joſabad *r*)
Fils d'Atrobad. Et la Reine Athalie
Si méchamment miſe à mort par Joad. *ſ*)
Longuette fut la triſte litanie,
Ces beaux recits étaient entrelaſſés
De ces grands traits ſi chers aux temps paſſés.
On y voyait le Soleil ſe diſſoudre,
La mer fuiant, la Lune miſe en poudre,
Le Monde en feu, qui toujours treſſaillait,
Dieu qui cent fois en fureur s'éveillait ;

Des

n) Samuel coupa en morceaux le Roi Agag, que Saül avait mis à rançon.

o) Judith aſſez connue.

p) Baza, Roi d'Iſraël, aſſaſſiné par Nadad, ou Nabad, mais il lui ſuccéda.

q) Achab avait eu une groſſe raçon de Benhadad Roi Syrien : Saül en avait eu une d'Agag, & fut tué pour avoir pardonné.

r) Joas aſſaſſiné par Jozabad.

ſ) Alluſion à l'Epigramme de Racine.

Je pleure hélas ! de ce pauvre Holopherne
Si méchamment mis à mort par Judith.

Des flots de ſang, des tombeaux, des ruines.
Et cependant près des eaux argentines
Le lait coulait ſous de verds oliviers,
Les monts ſautaient tout comme des béliers,
Et les béliers tout comme des colines.
Le bon Auſtin célébrait le Seigneur
Qui menaçait le Caldéen vainqueur,
Et qui laiſſait ſon peuple en eſclavage;
Mais des lions briſant toûjours les dents,
Sous ſes deux pieds écraſant les ſerpents,
Parlant au Nil, & ſuſpendant la rage
Des baſilics *t*) & des léviatans. *u*)
Auſtin finit. — Sa pindarique yvreſſe
Fit élever parmi les bienheureux
Un bruit confus, un murmure douteux;
Qui n'était pas en faveur de la piéce.
  Denis ſe léve: & baiſſant ſes doux yeux,
Puis les levant avec un air modeſte,
Il ſalua l'auditoire céleſte,
Parut ſurpris de leurs traits radieux,
Et finement ſa pudeur ſemblait dire,
Encouragez celui qui vous admire.
Il ſalua trois fois très-humblement
Les Conſeillers, le premier Préſident;
Puis il chanta d'une voix douce & tendre
Cet hymne adroit que vous allez entendre.

O

t) Baſilic, animal fort fameux, mais qui n'exiſta jamais.

u) Léviatan, autre animal célèbre. Les uns diſent que c'eſt la baleine, les autres le crocodile,

O Pierre ! ô Pierre ! ô vous ſur qui Jéſus,
Daigna fonder ſon Egliſe immortelle,
Portier des Cieux, Paſteur de tout fidéle,
Maître des Rois à tes pieds confondus,
Docteur divin, Prêtre ſaint, tendre pére,
Auguſte apui de nos Rois très-Chrétiens,
Etends ſur eux ta faveur ſalutaire :
Leurs droits ſont purs, & ces droits ſont les tiens.
Le Pape à Rome eſt maître des Couronnes :
Aucun n'en doute & ſi ton Lieutenant
A qui lui plait fait ce petit préſent,
C'eſt en ton nom, car c'eſt toi qui les donnes.
Hélas ! hélas ! nos gens de Parlement
Ont banni Charle : ils ont imprudemment
Mis ſur le Trône une race étrangére.
On ôte au fils l'héritage du pére.
Divin portier, oppoſe tes bienfaits,
A cette audace, à dix ans de miſére,
Rends nous les clefs de la Cour du Palais.
C'eſt ſur ce ton que ſaint Denis prélude ;
Puis il s'arrête : il lit avec étude
Du coin de l'œil dans les yeux de Céphas :
En affectant un ſecret embarras.
Céphas content, fit voir ſur ſon viſage
De l'amour propre un ſecret témoignage :
Et raſſurant les eſprits interdits
Du chantre habile, il dit dans ſon langage,
Cela va bien, continuez Denis.
L'humble Denis repart avec prudence,
Mon adverſaire a pû charmer les cieux ;

Il a chanté le Dieu de la vengeance,
Je vais bénir le Dieu de la clémence:
Haïr est bon, mais aimer vaut bien mieux.
Denis alors, d'une voix assurée
En vers heureux chanta le bon berger,
Qui va cherchant sa brebis égarée,
Et sur son dos se plait à la charger;
Le bon fermier dont la main libérale,
Daïgne payer l'ouvrier négligent
Qui vient trop tard, afin que diligent
Il vienne ouvrer dès l'aube matinale;
Le bon patron qui n'ayant que cinq pains
Et trois poissons, nourrit cinq mille humains;
Le bon prophête, encor plus doux qu'austère,
Qui donne grace à la femme adultère,
A Magdelaine: & permet que ses pieds
Soient humblement par la belle essuiés.
(Par Magdelaine, Agnès est figurée.)
Denis a pris ce délicat détour,
Il réussit: la grand chambre Etherée
Sentit le trait, & pardonna l'amour.
Du doux Denis l'ode fut bien reçue;
Elle eut le prix, elle eut toutes les voix,
Du saint Anglais l'audace fut déçue;
Austin rougit: il fuit en tapinois.
Chacun en rit, le Paradis le hue.
Tel fut hué dans les murs de Paris
Un pédant sec à face de Thersite,
Vil délateur, insolent hipocrite
Qui fut payé de haine & de mépris,

Quand

Quand il oſa dans ſes phraſes vulgaires
Flétrir les arts & condamner nos fréres.
  Pierre à Denis donna deux beaux agnus,
Denis les baiſe; & ſoudain l'on ordonne
Par un arrêt ſigné de douze élus
Qu'en ce grand jour les Anglais ſoient vaincus
Par les Français, & par Charle en perſonne.
  En ce moment la Baroiſe Amazonne
Vit dans les airs, dans vn nuage épais,
De ſon griſon la figure & les traits.
Comme un Soleil, dont ſouvent un nuage,
Reçoit l'empreinte, & réfléchit l'image.
Elle cria, ce jour eſt glorieux;
Tout eſt pour nous, mon âne eſt dans les cieux.
Betfort ſurpris de ce prodige horrible
Déja s'arrête, & n'eſt plus invincible.
Il lit au ciel d'un regard conſterné
Que de ſaint George il eſt abandonné.
L'Anglais ſurpris croyant voir une armée,
Deſcend ſoudain de la ville allarmée;
Tous les bourgeois devenus valeureux,
Les voyant fuir deſcendent après eux.
Charle plus loin entouré de carnage,
Juſqu'à leur camp ſe fait un beau paſſage.
Les aſſiégéants à leur tour aſſiégés,
En tête, en queuë, aſſaillis, égorgés,
Tombent en foule au bord de leurs tranchées,
D'armes, de morts, & de mourants jonchées.
  C'eſt en ces lieux, c'eſt dans ce champ mortel,
Que tu venais exercer ta vaillance

O dur Anglais, ô Chriſtophe Arondel;
Ton maintien ſec, ta froide indifférence
Donnaient du prix à ton courage altier.
Sans dire un mot ce ſourcilleux guerrier
Examinait comme on ſe bat en France;
Et l'on eût dit à ſon air d'importance,
Qu'il était là pour ſe déſennuier.
Sa Roſamore à ſes pas attachée
Eſt comme lui de fer enharnachée,
Tel qu'un beau page, ou qu'un jeune écuier:
Son caſque eſt d'or, ſa cuiraſſe eſt d'acier;
D'un perroquet la plume panachée,
Au gré des vents ombrage ſon cimier.
Car dès ce jour où ſon bras meurtrier
A dans ſon lit décollé Martin-Guerre,
Elle ſe plait tout à fait à la guerre.
On croirait voir la ſuperbe Pallas
Quittant l'éguille & marchant aux combats,
Ou Bradamante, ou bien Jeanne elle-même.
Elle parlait au voyageur qu'elle aime,
Et lui montrait les plus grands ſentiments,
Lorſqu'un Démon trop funeſte aux amants,
Pour leur malheur vers Arondel attire
Le dur Poton, & le jeune la Hire,
Et Richemont qui n'a pitié de rien.
Poton voyant le grave & fier maintien
De nôtre Anglais, tout indigné s'élance
Sur le cauſeur, & d'un grand coup de lance
Qui par le flanc ſort au milieu du dos,
D'un ſang trop froid lui fait verſer des flots;

Il tombe & meurt : & la lance caſſée
Roule avec lui dans ſon corps enfoncée.
A ce ſpectacle, à ce moment affreux,
On ne vit point la belle Roſamore
Se renverſer ſur l'amant qu'elle adore,
Ni s'arracher l'or de ſes blonds cheveux,
Ni remplir l'air de ſes cris douloureux,
Ni s'emporter contre la providence,
Point de ſoupirs : elle cria vengeance ;
Et dans l'inſtant que Poton ſe baiſſait
En ramaſſant ſon fer qui ſe caſſait,
Ce bras tout nud, ce bras dont la puiſſance,
Avait d'un coup ſéparé dans un lit
Un chef griſon du col d'un vieux bandit,
Tranche à Poton la main trop redoutable,
Cette main droite à ſes yeux ſi coupable.
Les nerfs cachés ſous la peau des cinq doigts
Les font mouvoir pour la derniére fois ;
Poton depuis ne ſçut jamais écrire.
Mais dans l'inſtant le brave & beau la Hire,
Porte au guerrier du grand Poton vainqueur,
Un coup mortel qui lui perce le cœur.
Son caſque d'or que ſa chute détache,
Découvre un ſein de roſes & de lys ;
Son front charmant n'a plus rien qui le cache ;
Ses longs cheveux tombent ſur ſes habits ;
Ses grands yeux bleus dans la mort endormis,
Tout laiſſe voir une femme adorable,
Et montre un corps formé pour les plaiſirs.
Le beau la Hire en pouſſe des ſoupirs,

Répand des pleurs ; & d'un ton lamentable,
S'écrie, ô ciel, je ſuis un meurtrier,
Un houzard noir plutôt qu'un chevalier ;
Mon cœur, mon bras, mon épée eſt infame :
Eſt-il permis de tuer une Dame !
Mais Richemont toûjours mauvais plaiſant
Et toûjours dur, lui dit, mon cher la Hire,
Va, tes remords ont ſur toi trop d'empire :
C'eſt une Anglaiſe, & le mal n'eſt pas grand.
Elle n'eſt pas pucelle comme Jeanne.
  Tandis qu'il tient un diſcours ſi profane
D'un coup de fléche il ſe ſentit bleſſé :
Et devenu plus fier, plus couroucé,
Il rend cent coups à la troupe Bretonne,
Qui comme un flot le preſſe & l'environne.
La Hire & lui, Nobles, Bourgeois, Soldats,
Portent partout les efforts de leurs bras :
On tuë, on tombe, on pourſuit, on recule,
De corps ſanglants un monceau s'accumule,
Et des mourants l'Anglais fait un rempart.
  Dans cette horrible & ſanglante mêlée,
Le Roi diſait à Dunois, cher bâtard,
Dis-moi, de grace, où donc eſt-elle allée ?
Qui ? dit Dunois : le bon Roi lui repart,
Ne ſçais-tu pas ce qu'elle eſt devenuë ?
Qui donc ? hélas ! elle était diſparuë,
Hier au ſoir avant qu'un heureux ſort
Nous eût conduit au château de Betfort.
Et dans la place on eſt entré ſans elle.
Nous la trouverons bien, dit la Pucelle.

Ciel ;

Ciel ; dit le Roi, qu'elle me ſoit fidéle,
Gardez-la moi. Pendant ce beau diſcours
Il avançait, & combattait toujours.
  Bientôt la nuit couvrant nôtre hémiſphère,
L'envelopa d'un noir & long manteau,
Et mit un terme à ce cours tout nouveau
Des beaux exploits que Charle eût voulu faire.
  Comme il ſortait de cette grande affaire,
Il entendit qu'on avait le matin,
Vû cheminer vers la forêt voiſine,
Quelques tendrons du genre féminin ;
Une ſurtout, à la taille divine,
Aux grands yeux bleus, au minois enfantin,
Au ſouris tendre, à la peau de ſatin,
Que ſermonait un bon Bénédictin.
Des écuïers brillants, à mines fiéres,
Couverts d'acier, & d'or & de rubans,
Accompagnaient les belles cavaliéres.
La troupe errante avait porté ſes pas
Vers un palais qu'on ne connaiſſait pas,
Et que jamais avant cette avanture,
On n'avait vû dans ces lieux écartés ;
Rien n'égalait ſa bizarre ſtructure.
Le Roi ſurpris de tant de nouveautés,
Dit à Bonneau, qui m'aime doit me ſuivre ;
Demain matin, je veux au point du jour
Revoir l'objet de mon fidéle amour,
Reprendre Agnès, ou bien ceſſer de vivre.
Il reſta peu dans les bras du ſommeil.

Et quand Phosphore *x*) au visage vermeil,
Eut précédé les roses de l'aurore,
Quand dans le Ciel on attelait encore,
Les beaux coursiers que conduit le Soleil; *y*)
Le Roi, Bonneau, Dunois, & la Pucelle,
Allégrement se remirent en selle,
Pour découvrir ce superbe palais.
Charle disait, voïons d'abord ma belle,
Nous rejoindrons assez tôt les Anglais.
Le plus pressé c'est de vivre avec elle.

x) Phosphore, ou Fossore, porte-lumiére qui précédait l'Aurore, laquelle précédait le char du Soleil. Tout était animé, tout était brillant dans l'ancienne Mythologie. On ne peut trop en poësie, déplorer la perte de ces temps de génie, remplis de belles fictions, toutes allégoriques. Que nous sommes secs & arides en comparaison, nous autres *remués de barbares!*

y) Les Anciens donnérent un char au Soleil. Cela était fort commun. Zoroastre traversait les airs dans un char. Elie fut transporté au Ciel dans un char lumineux. Les quatre chevaux du Soleil étaiens blancs. Leurs noms étaient *Pirois*, *Eoüs*, *Eton*, *Phlegon*, selon Ovide; c'est-à-dire, l'enflammé, l'oriental, l'annuel, le brulant. Mais selon d'autres savants Antiquaires, ils s'appellaient *Erithrée*, *Acteon*, *Lampos* & *Philogée*, c'est-à-dire, le rouge, le lumineux, l'éclatant, le terrestre. Je crois que ces savants se sont trompés, & qu'ils ont pris les noms des quatre parties du jour pour ceux des chevaux; c'est une erreur grossiére que je démontrerai dans le prochain Mercure, en attendant les deux dissertations in-folio que j'ai faites sur ce sujet.

CHANT

CHANT DIX-SEPTIEME.

Comment Charles VII., Agnès, Jeanne, Dunois, La Trimouille, &c. devinrent tous fous, & comment ils revinrent en leur bon ſens par les exorciſmes du R. P. Bonifoux, Confeſſeur ordinaire du Roi.

OH que ce monde eſt rempli d'enchanteurs !
Je ne dirai rien des enchantereſſes.
Je t'ai paſſé, temps heureux de faibleſſes,
Printemps des fous, bel âge des erreurs ;
Mais à tout âge on trouve des trompeurs,
De vrais ſorciers, tout puiſſants ſéducteurs,
Vétus de pourpre & raïonnants de gloire.
Au haut des cieux ils vous ménent d'abord,
Puis on vous plonge au fond de l'onde noire,
Et vous buvez l'amertume & la mort.
Gardez-vous tous, gens de bien que vous êtes,
De vous frotter à de tels négromans,
Et s'il vous faut quelques enchantemens,
Aux plus grands Roi préférez vos griſettes.
Ce grand château qui retenait Agnès,

Par

Par Conculix fut bâti tous exprès
Pour se venger des belles de la France,
Des Chevaliers, des ânes & des Saints
Dont la pudeur & les exploits divins
Avaient bravé sa magique puissance.
Quiconque entrait en ce maudit logis,
Méconnoissait sur le champ ses amis,
Perdait le sens, l'esprit & la mémoire.
L'eau du Léthé que les morts allaient boire,
Les mauvais vins funestes aux vivants
Ont des effets bien moins extravagants.
Sous les grands arcs d'une immense portique,
Amas confus de moderne & d'antique,
Se promenait un fantôme brillant
Au pied léger, à l'œil étincelant,
Au geste vif, à la marche égarée;
La tête haute, & de clinquants parée.
On voit son corps toûjours en action.
Et son nom est *l'imagination.*
Non, cette belle & charmante Déesse
Qui présida dans Rome & dans la Grèce,
Aux beaux travaux de tant de grands auteurs,
Qui répandit l'éclat de ses couleurs,
Ses diamants, ses immortelles fleurs
Sur plus d'un chant du grand peintre d'Achile,
Sur la Didon que célébra Virgile,
Et qui d'Ovide anima les accens;
Mais celle-là qu'abjure le bon sens,
Cette étourdie, effarée, insipide,
Que tant d'auteurs aprochent de si près,
Qui

Qui les inſpire, & qui ſervit de guide
Aux Scuderis, *a*) le Moine, Deſmarets.
Elle répand ſes faveurs les plus chères
Sur nos romans, nos nouveaux opéra;
Et ſon empire aſſez longtemps dura,
Sur le théâtre, au barreau, dans les chaires:
Près d'elle était le *galimathias*,
Monſtre bavard careſſé dans ſes bras.
Nommé jadis le Docteur Séraphique, *b*)
Subtil, profond, énergique, angelique,
Commentateur d'imagination,
Et créateur de la confuſion
Qui depuis peu fit *Marie à la Coque*. *c*)
Autour de lui voltigent l'équivoque,
La louche énigme, & les mauvais bons mots,
A double ſens, qui font l'eſprit des ſots:
Les préjugés, les mépriſes, les ſonges,
Les contre-ſens, les abſurdés menſonges,
Ainſi qu'on voit aux murs d'un vieux logis
Les chats-huants & les chauves-ſouris.
Quoi qu'il en ſoit ce damnable édifice

Fut

a) Scudéri, auteur d'Alaric, poëme épique. Le Moine Jéſuite, auteur du St. Louïs, ou Louïſiade, poëme épique; Deſmarets St. Sorlin, auteur de Clovis, poëme épique; ces trois ouvrages ſont de terribles poëmes épiques.

b) Noms que prenaient autrefois les Théologiens.

c) L'hiſtoire de Marie à la Coque, ouvrage rare par l'excès du ridicule, compoſé par Languet alors Evêque de Soiſſons; ce paſſage nous indique que le fameux poëme que nous commentons fut fait vers l'an 1730., temps où il était beaucoup queſtion de Marie à la Coque.

Fut fabriqué par un tel artifice,
Que tout mortel qui dans ces lieux viendra
Perdra l'efprit tant qu'il y reftera.
A peine Agnès avec fa douce efcorte,
De ce palais avait touché la porte,
Que Bonifoux ce grave Confeffeur
Devint l'objet de fa fidéle ardeur;
Elle le prend pour fon cher Roi de France.
O mon héros! ô ma feule efpérance!
Le jufte ciel vous rend à mes fouhaits,
Ces fiers Bretons font-ils par vous défaits?
N'auriez-vous point reçu quelque bleffure?
Ah! laiffez-moi détacher votre armure.
Lors elle veut d'un effort tendre & doux
Oter le froc du pére Bonifoux:
Et dans fes bras bientôt abandonnée,
L'œil enflammé, le cou vers lui tendu,
Cherche un baifer qui foit pris & rendu.
Charmante Agnès que tu fus confternée!
Lorfque cherchant un menton frais tondu,
Tu ne fentis qu'une barbe tannée,
Longue, piquante, & rude & mal peignée!
Le Confeffeur tout effaré s'enfuit,
Méconnaiffant la belle qui le fuit.
La tendre Agnès fe voïant dédaignée,
Court après lui de pleurs toute baignée.
Comme ils couraient dans ce vafte pourpris,
L'un fe fignant & l'autre toute en larmes,
Ils font frappés des plus lugubres cris.
Un jeune objet, touchant, rempli de charmes,
Avec

Avec fraïeur embraſſait les genoux
D'un Chevalier, qui couvert de ſes armes
L'allait bientôt immoler ſous ſes coups.
Peut-on connaître à cette barbarie
Ce la Trimouille & ce parfait amant,
Qui de grand cœur en tout autre moment
Pour Dorothée aurait donné ſa vie?
Il la prenait pour le fier Tirconel:
Elle n'avait nul trait en ſon viſage
Qui reſſemblât à cet Anglais cruel;
Elle cherchait le héros qui l'engage,
Le cher objet d'un amour immortel:
Et lui parlant ſans pouvoir le connaître,
Elle lui dit, ne l'avez-vous point vû
Ce Chevalier qui de mon cœur eſt maître?
Qui près de moi dans ces lieux eſt venu?
Mon la Trimouille hélas eſt diſparu!
Que fait-il donc? de grace où peut-il être?
Le Poitevin à ſes touchants diſcours
Ne connut point ſes fidéles amours.
Il croit entendre un Anglais implacable,
Qui vient ſur lui prêt à trancher ſes jours.
Le fer en main il ſe met en défenſe,
Vers Dorothée en meſure il avance:
Je te ferai, dit-il changer de ton,
Fier, dédaigneux, triſte, arrogant Breton;
Dur inſulaire, yvre de bierre forte,
C'eſt bien à toi de parler de la ſorte,
De menacer un homme de mon nom!
Moi petit-fils des Poitevins célèbres

Dont

Dont les exploits, au séjour des ténèbres,
Ont fait passer tant d'Anglais valeureux,
Plus fiers que toi, plus grands, plus généreux.
Eh quoi, ta main ne tire pas l'épée!
De quel effroi ta vile ame est frappée!
Fier en discours, & lâche en action,
Chevreuil Anglais, Thersite d'Albion,
Fait pour brailler chez tes Parlementaires,
Vite, essaïons tous deux nos cimetères;
Ça, qu'on déguaine; ou je vais de ma main
Signer ton front, des fronts le plus vilain,
Et t'appliquer sur ton large derriére,
A mon plaisir deux cent coups détriviére.
A ce discours qu'il prononce en fureur,
Pâle, éperdue, & mourante de peur:
Je ne suis point Anglais, dit Dorothée;
J'en suis bien loin: comment, pourquoi, par où,
Me vois-je ici par vous si maltraitée?
Dans quel danger je suis précipitée!
Regardez-moi, je suis née en Poitou;
C'est une fille, hélas! bien tourmentée,
Qui baise en pleurs votre noble genou.
Elle parlait, mais sans être écoutée;
Et la Trimouille étant tout à fait fou;
Allait déja la prendre par le cou.
  Le Confesseur qui dans sa prompte fuite,
D'Agnès Sorel évitait la poursuite,
Bronche en courant & tombe au milieu d'eux;
Le Poitevin veut le prendre aux cheveux,
N'en trouve point, roule avec lui par terre;

La belle Agnès qui le fuit & le ferre,
Sur lui trébuche, en pouffant des clameurs,
Et des fanglots qu'interrompent fes pleurs:
Et fous eux tous fe débat Dorothée,
Très en défordre, & fort mal ajuftée.
  Tout au milieu de ce conflict nouveau,
Le bon Roi Charle efcorté de Bonneau,
Avec Dunois & la fiére Pucelle,
Entre à la fois dans ce fatal château,
Pour y chercher fa maîtreffe fidéle.
O grand pouvoir ! ô merveille nouvelle !
A peine ils font de cheval defcendus,
Sous le portique à peine ils font rendus,
Incontinent ils perdent la cervelle.
Tels dans Paris tous ces Docteurs fourés,
Pleins d'arguments fous leurs bonnets quarés,
Vont gravement vers la Sorbonne antique,
Séjour de noife, antre Théologique,
Où la difpute & la confufion,
Ont établi leur facré domicile,
Et dont jamais n'aprocha la raifon.
Nos Reverends arrivent à la file;
Ils avaient l'air d'être de fens raffis;
Chacun paffait pour fage en fon logis,
On les prendrait pour des gens fort honnêtes;
Point querelleurs & point extravagants;
Quelques-uns même étaient de bonnes têtes.
Ils font tous fous quand ils font fur les bancs.
  Charle enivré de joie & de tendreffe,
Les yeux mouillés, tout pétillans d'ardeur,
Et

Et reſſentant un battement de cœur,
Diſait d'un ton d'amour & de langueur,
„ Ma chére Agnès, ma pudique maîtreſſe,
„ Mon paradis, précis de tous les biens,
„ Combien de fois, hélas fus-tu perdue !
„ A mes déſirs te voila donc rendue.
„ Parle d'amour, je te vois, je te tiens;
„ Oh que tu fais une charmante mine !
„ Mais tu n'as plus cette taille ſi fine,
„ Que je pouvais embraſſer autrefois
„ En la ſerrant du bout de mes dix doigts.
„ Quel embonpoint ! quel ventre ! quelles feſſes !
„ Voila le fruit de nos tendres careſſes :
„ Agnès eſt groſſe, Agnès me donnera
„ Un beau bâtard qui pour nous combattra.
„ Je veux greffer dans l'ardeur qui m'emporte,
„ Ce fruit nouveau ſur l'arbre qui le porte.
„ Amour le veut; il faut que dans l'inſtant
„ J'aille au devant de cet aimable enfant.
A qui le Roi ſe faiſait-il entendre ?
A qui tient-il ce diſcours noble & tendre ?
Qui tenait-il dans ſes bras amoureux ?
C'était Bonneau, ſoufflant, ſuant, poudreux;
C'était Bonneau; jamais homme en ſa vie
Ne ſe ſentit l'ame plus ébahie.
Charle preſſé d'un déſir violent,
D'un bras nerveux le pouſſe tendrement;
Il le renverſe; & Bonneau peſamment
S'en va tomber ſur la troupe mélée,
Qui de ſon poids ſe ſentit accablée.

Ciel !

Ciel ! que de cris & que de hurlemens !
Le Confeſſeur reprit un peu ſes ſens ;
Sa groſſe pance était juſte portée
Deſſus Agnès & deſſous Dorothée ;
Il ſe reléve, il marche, il court, il fuit,
Tout haletant le bon Bonneau le ſuit.
Mais la Trimouille à l'inſtant s'imagine
Que ſa beauté, ſa maîtreſſe divine,
Sa Dorothée était entre les bras
Du Tourangeau qui fuïait à grands pas.
Il court après ; il le preſſe, il lui crie,
Rends-moi mon cœur, bourreau, rends-moi ma vie ;
Attends, arrête : en prononçant ces mots,
D'un large ſabre il frape ſon gros dos.
Bonneau portait une épaiſſe cuiraſſe,
Et reſſemblait à la peſante maſſe,
Qui dans la forge à grand bruit retentit,
Sous le marteau qui frape & rebondit.
La peur hâtait ſa marche équarquillée.
Jeanne voïant le Bonneau qui trottait,
Et les grands coups que l'autre lui portait,
Jeanne caſquée & de fer habillée,
Suit à grands pas la Trimouille, & lui rend
Tout ce qu'il donne au Roïal confident.
Dunois la fleur de la Chevalerie,
Ne ſouffre pas qu'on attente à la vie
De la Trimouille ; il eſt ſon cher appui ;
C'eſt ſon deſtin de combattre pour lui :
Il le connait, mais il prend la Pucelle
Pour un Anglais, il vous tombe ſur elle ;

Il vous l'etrille ainsi qu'elle étrillait
Le Poitevin, qui toûjours chatouillait
L'ami Bonneau qui lourdement fuïait.
  Le bon Roi Charle en ce désordre extrême,
Dans son Bonneau voit toûjours ce qu'il aime.
Il voit Agnès. Quel état pour un Roi!
Pour un amant des amants le plus tendre!
Contre une armée il voudrait la défendre.
Tous ces guerriers après Bonneau courants,
Sont à ses yeux des ravisseurs sanglants.
L'épée au poing sur Dunois il s'élance;
Le beau bâtard se retourne & lui rend,
Sur la visiére un énorme fendant.
Ah s'il savait que c'est le Roi de France!
Qu'il se verrait avec un œil d'horreur!
Il périrait de honte & de douleur.
En même temps Jeanne par lui frapée,
Lui répondit de sa puissante épée,
Et le bâtard incapable d'effroi,
Frape à la fois sa maîtresse & son Roi;
A droite, à gauche, il lance sur leurs têtes
De mille coups les rapides tempêtes.
Charmant Dunois, belle Jeanne arrêtez;
Ciel! quel seront vos regrets & vos larmes,
Quand vous saurez qui poursuivent vos armes,
Qui vous outrage, & qui vous combattez!
  Le Poitevin dans l'horrible mêlée,
De temps en temps apesantit son bras
Sur la Pucelle & rosse ses appas.
L'ami Bonneau ne les imite pas;

Sa

Sa groſſe tête était la moins troublée.
Il recevait, mais il ne rendait point.
Il court toûjours ; Bonifoux le précéde,
Aiguillonné de la peur qui le point,
Le tourbillon que la rage poſſéde,
Tous contre tous, aſſaillants, aſſaillis,
Battans, battus, dans ce grand chamaillis,
Criants, hurlants, parcourent le logis.
Agnès en pleurs, Dorothée éperdue,
Crie au ſecours, on m'égorge, on me tue.
Le Confeſſeur, plein de contrition,
Menait toûjours cette proceſſion.
  Il aperçoit à certaine fenêtre,
De ce logis le redoutable maître,
Ce Conculix qui contemplait guaiment
Des bons Français le barbare tourment,
Et ſe tenait les deux côtés de rire.
Bonifoux vit que ce fatal empire,
Etait ſans doute une œuvre du Démon.
Il conſervait un reſte de raiſon ;
Son long capuce & ſa large tonſure,
A ſa cervelle avoient ſervi d'armure.
Il ſe ſouvint que notre ami Bonneau,
Suivait toûjours l'uſage antique & beau,
Très ſagement établi par nos péres,
D'avoir ſur ſoi les choſes néceſſaires ;
Muſcade, clou, poivre, géroſle & ſel. *d*)

R 2 Pour

d) C'eſt ce qu'on appellait autrefois, *Cuiſine de poche*, & ce que ſignifie ce vers d'une Comédie : *Porte cuiſine en poche, & poivre concaſſé.*

Pour Bonifoux il avait ſon Miſſel.
Il aperçut une fontaine claire,
Il y courut, ſel & Miſſel en main,
Bien réſolu d'atraper le malin.
Le voila donc qui travaille au myſtère:
Il dit tout bas, *Sanctam Catholicam*,
Papam Romam, *aquam benedictam*.
Puis de Bonneau prend la taſſe & va vite,
Adroitement aſperger d'eau benite
Le muffle noir du hideux Conculix.
Chez les Païens l'eau brulante du Stix,
Fut moins fatale aux ames criminelles;
Son cuir tanné fut couvert d'étincelles;
Un gros nuage, enfumé, noir, épais,
Envelopa le maître & le palais.
Les combattans couverts d'une nuit ſombre,
Couraient encor & ſe cherchaient dans l'ombre.
Tout auſſi-tôt le palais diſparut;
Plus de combat, d'erreur, ni de mépriſe;
Chacun ſe vit, chacun ſe reconnut;
Chaque cervelle en ſon lieu fut remiſe;
A nos héros un ſeul moment rendit
Le peu de ſens du'un ſeul moment perdit:
Car la folie, hélas, ou la ſageſſe,
Ne tient à rien dans notre pauvre eſpèce.
C'était alors un grand plaiſir de voir
Ces paladins aux pieds du moine noir,
Le beniſſant, chantants des litanies,
Se demandant pardon de leurs folies.
O la Trimouille! ô vous Roial amant!

Qui

Qui me peindra votre raviſſement !
On n'entendait que ces mots, Ah ma belle !
Mon tout, mon Roi, mon ange, ma fidelle,
C'eſt vous! c'eſt toi! jour heureux, doux moments!
Et des baiſers, & des embraſſements,
Cent queſtions, cent réponſes preſſées,
Leur voix ne peut ſuffire à leurs penſées.
Le Confeſſeur d'un paternel regard,
Les lorgnait tous, & priait à l'écart.
Le grand bâtard & ſa fiére maîtreſſe,
Modeſtement s'expliquaient leur tendreſſe.
Lors élevant la tête avec le ton,
L'âne entonna l'octave diſcordante,
De ſon goſier de cornet à bouquin.
A cette octave, à ce bruit tout divin,
Tout fut ému. La nature tremblante,
Frémit d'horreur, & Jeanne vit ſoudain
Tomber les murs de ce palais magique,
Cent tours d'acier, & cent portes d'airain,
Comme autrefois la horde Moſaïque
Fit voir au ſon de ſa trompe Hébraïque,
De Jérico le rempart écroulé, e)
Réduit en poudre, à la terre égalé.
Le temps n'eſt plus de ſemblable pratique.
  Alors, alors, ce ſuperbe palais
Si brillant d'or, ſi noirci de forfaits,
Devint un ample & ſacré monaſtère.

 Le

e) Jérico, comme vous ſavez, tomba au ſon des cornemuſes : c'eſt un fait très-commun.

Le fallon fut en chapelle changé.
Le cabinet, où ce maître enragé
Avait dormi dans le vice plongé,
Tranfmué fut en un beau fanctuaire.
L'ordre de Dieu qui préfide aux deftins
Ne changea point la falle des feftins,
Mais elle prit le nom de refectoire.
On y bénit le manger & le boire.
Jeanne, le cœur élevé vers les Saints,
Vers Orléans, vers le facre de Rheims,
Dit à Dunois, tout nous eft favorable
Dans nos amours & dans nos grands deffeins,
Efpérons tout; foïez fûr que le Diable
A contre nous fait fon dernier effort :
Parlant ainfi Jeanne fe trompait fort.

CHANT

CHANT DIX-HUITIEME.

Mort du brave & tendre La Trimouille, & de la charmante Dorothée. Le dur Tirconel se fait Chartreux.

SOeur de la mort, impitoïable guerre,
Droit des brigands que nous nommons héros,
Monſtre ſanglant né des flancs d'Atropos,
Que tes forfaits ont dépeuplé la terre!
Tu la couvris & de ſang & de pleurs;
Mais quand l'amour joint encor ſes malheurs
A ceux de Mars, lorſque la main chérie
D'un tendre amant de faveurs enïvré,
Répand un ſang par lui-même adoré,
Et qu'il voudrait racheter de ſa vie;
Lorſqu'il enfonce un poignard égaré
Au même ſein, que ſes lévres brulantes
Ont marqueté d'empreintes ſi touchantes,
Qu'il voit fermer à la clarté du jour
Ces yeux aimés qui reſpiraient l'amour;
D'un tel objet les peintures terribles
Font plus d'effet ſur les cœurs nés ſenſibles,
Que cent guerriers qui terminent leur ſort,

Payés d'un Roi pour courir à la mort.
 Charle entouré de la troupe Roïale,
Avait repris cette raiſon fatale,
Préſent maudit dont on fait tant de cas,
Et s'en ſervait pour chercher les combats.
Ils cheminaient vers les murs de la ville,
Vers ce château ſon noble & ſûr aſyle,
Où ſe gardaient ces magazins de Mars,
Ce long amas de lances & de dards,
Et les canons que l'Enfer en ſa rage
Avait fondus pour notre indigne uſage.
Déja des tours le faîte paraiſſait;
La troupe en hâte au grand trot avançait,
Pleine d'eſpoir ainſi que de courage:
Mais la Trimouille honneur des Poitevins
Et des amants, allant près de ſa Dame
Au petit pas, & parlant de ſa flamme,
Manqua ſa route & prit d'autres chemins.
 Dans un vallon qu'arroſe une onde pure,
Il vit un bois de cyprés toûjours verds,
Qu'en piramide a formés la nature,
Et dont le faîte à bravé cent hyvers.
Il eſt un antre où ſouvent les Naïades
Et les Silvains viennent prendre le frais.
Un clair ruiſſeau par des conduits ſecrets
Y tombe en nappe & forme vingt caſcades,
Un tapis verd eſt tendu tout auprès,
Le ſerpolet, la méliſſe naiſſante,
Le blanc jaſmin, la jonquille odorante,
Y ſemblent dire aux bergers d'alentour,

Repofez-vous fur ce lit de l'amour.
Le Poitevin entendit ce langage
Du fond du cœur. L'haleine des zéphirs,
Le. lieu, le temps, fa tendreffe, fon âge,
Surtout fa Dame allument fes défirs.
Les deux amants de cheval defcendirent.
Sur le gazon côté à côte fe mirent,
Et puis des fleurs, puis des baifers cueillirent:
Mars & Vénus planant du haut des cieux,
N'ont jamais vû d'objets plus dignes d'eux.
Du fond des bois les Nimphes aplaudirent,
Et les moineaux, les pigeons de ces lieux
Prirent exemple, & s'en aimèrent mieux.
Dans le bois même était une chapelle,
Séjour funébre à la mort oonfacré,
Où l'avant-veille on avait enterré
De Jean Chandos la dépouille mortelle.
Deux deffervants vétus d'un blanc furplis,
Y dépéchaient de longs *De-profundis*;
Paul Tirconel affiftait au fervice,
Non qu'il goutât ce dévot exercice,
Mais au défunt il était attaché.
Du preux Chandos il était frêre d'armes,
Fier comme lui, comme lui débauché,
Ne connaiffant ni l'amour ni les larmes.
Il confervait un refte d'amitié
Pour Jean Chandos, & dans fa violence
Il jurait Dieu qu'il en prendrait vengeance,
Plus par colère encor que par pitié.
Il apperçut du coin d'une fenêtre

Les deux chevaux qui s'amuſaient à paître;
Il va vers èux : ils tournent en ruant
Vers la fontaine, où l'un & l'autre amant
A ſes tranſports en ſecret s'abandonne,
Ne voïant qu'eux & ne voïant perſonne.
Paul Tirconel dont l'eſprit inhumain
Ne ſouffrait pas les plaïſirs du prochaïn,
Grinça des dents, & s'écria, profanes,
C'eſt donc ainſi dans votre indigne ardeur,
Que d'un héros vous inſultez les mânes!
Rebut honteux d'une Cour ſans pudeur,
Vils ennemis; quand un Anglais ſuccombe,
Vous célébrez ce rare événement:
Vous l'outragez au ſein du monument,
Et vous venez vous baiſer ſur ſa tombe!
Parle, eſt-ce toi, diſcourtois Chevalier
Fait pour la Cour & né pour la moleſſe,
Dont la main faible aurait par quelque adreſſe
Donné la mort à ce puiſſant guerrier?
Quoi ſans parler tu lorgnes ta maîtreſſe!
Tu ſens ta honte, & ton cœur ſe confond.
 A ce diſcours la Trimouille répond,
Ce n'eſt point moi. Je n'ai point cette gloire.
Dieu qui conduit la valeur des héros,
Comme il lui plaît accorde la victoire.
Avec honneur je combattis Chandos.
Mais une main qui fut plus fortunée,
Aux champs de Mars trancha ſa deſtinée.
Et je pourrai peut-être dès ce jour
Punir auſſi quelque Anglais à mon tour.

Com-

Comme un vent frais d'abord par ſon murmure
Friſe en ſifflant la ſurface des eaux,
S'éléve, gronde, & briſant les vaiſſeaux
Répand l'horreur ſur toute la nature;
Tels la Trimouille & le dur Tirconel
Se préparaient au terrible duel
Par ces propos pleins d'ire & de menace.
Il ſont tous deux ſans caſque & ſans cuiraſſe.
Le Poitevin ſur les fleurs du gazon,
Avait jetté près de ſa Milanaiſe,
Cuiraſſe, lance, & ſabre, & morion,
Tout ſon harnois pour être plus à l'aiſe.
Car dequoi ſert un grand ſabre en amours!
Paul Tirconel marchait armé toûjours:
Mais il laiſſa dans la chapelle ardente
Son caſque dor, ſa cuiraſſe brillante,
Ses beaux braſſards aux mains d'un écuïer.
Il ne garda qu'un large baudrier
Qui ſoutenait ſa lame étincelante.
Il la tira. La Trimouille à l'inſtant,
D'un ſaut léger à ſon arme ſautant,
La ramaſſa tout bouillant de colère,
Et s'écriant, Monſtre cruel, attends,
Et tu verras bientôt ce que mérite
Un ſcélerat qui faiſant l'hipocrite,
S'en vient troubler un rendez-vous d'amants:
Il dit, & pouſſe à l'Anglaïs formidable.
Tels en Phrigie Hector & Ménélas
Se menaçaient, ſe portaient le trépas

Aux

Aux yeux d'Hélène affligée & coupable. *a*)
L'antre, le bois, l'air, le ciel retentit
Des cris perçants que jettait Dorothée :
Jamais l'amour ne l'a plus transportée,
Son tendre cœur jamais ne ressentit
Un trouble égal. Eh quoi, sur le pré même
Où je goutais les pures voluptés !
Dieux tout-puissants, je perdrais ce que j'aime !
Cher la Trimouille ! Ah barbare, arrêtez ;
Barbare Anglais, percez mon sein timide.
  Disant ces mots, courant d'un pas rapide,
Les bras tendus, les yeux étincelants,
Elle s'élance entre les combattants.
De son amant la poitrine d'albâtre,
Ce doux satin, ce sein qu'elle idolâtre,
Etait déja vivement effleuré
D'un coup terrible à grand peine paré.
Le beau Français que sa blessure irrite,
Sur le Breton vole & se précipite.
Mais Dorothée était entre les deux.
O Dieu d'amour ! ô Ciel ! ô coup affreux !
O quel amant pourra jamais apprendre,
Sans arroser mes écrits de ses pleurs,

Que

a) Vous savez, mon cher lecteur, qu'Hector & Ménélas se battirent, & qu'Hélène les regardait faire tranquillement. Dorothée à bien plus de vertu : aussi notre nation est bien plus vertueuse que celle des Grecs. Nos femmes sont galantes, mais au fond elles sont beaucoup plus tendres, comme je le prouve dans mon Philosophe Chrétien. Tome XII. page 169.

Que des amants le plus beau, le plus tendre,
Le plus comblé des plus douces faveurs,
A pû frapper sa maîtresse charmante.
Ce fer mortel, cette lame sanglante
Perçait ce cœur, ce siége des amours,
Qui pour lui seul fut embrasé toûjours:
Elle chancelle, elle tombe expirante,
Nommant encor la Trimouille... & la mort,
L'affreuse mort déja s'emparait d'elle;
Elle le sent, elle fait un effort,
Rouvre les yeux qu'une nuit éternelle
Allait fermer, & de sa faible main
De son amant touchant encor le sein,
Et lui jurant une ardeur immortelle,
Elle exhalait son ame & ses sanglots:
Et j'aime.... j'aime.... étaient les derniers mots
Que prononça cette amante fidéle.
C'était en vain. Son la Trimouïlle, hélas!
N'entendait rien. Les ombres du trépas
L'environnaient; il est tombé près d'elle
Sans connaissance: il était dans ses bras
Teint de son sang, & ne le sentait pas.
A ce spectacle épouvantable & tendre,
Paul Tirconel demeura quelque temps
Glacé d'horreur: l'usage de ses sens
Fut suspendu. Tel on nous fait entendre
Que cet Atlas que rien ne put toucher, *b*)
Prit

b) Je crois que notre auteur entend par ces mots *que rien ne put toucher*, la dureté du cœur que fit paraître Atlas quand il refusa l'hospita-

Prit autrefois la forme d'un rocher.
  Mais la pitié que l'aimable nature
Mit de ſa main dans le fond de nos cœurs,
Pour adoucir les humaines fureurs,
Se fit ſentir à cette ame ſi dure:
Il ſecourut Dorothée, il trouva
Deux beaux portraits, tous deux en mignature,
Que Dorothée avec ſoin conſerva
Dans tous les tems, & dans toute avanture.
On voit dans l'un la Trimouille aux yeux bleus,
Aux cheveux blonds. Les traits de ſon viſage
Sont fiers & doux: la grace & le courage
Y ſont mêlés par un accord heureux.
Tirconel dit, il eſt digne qu'on l'aime.
Mais que dit-il, lorſqu'au ſecond portrait
Il s'apperçut qu'on l'avait peint lui-même.
Il ſe contemple; il ſe voit trait pour trait.
Quelle ſurpriſe! en ſon ame il rappelle
Que vers Milan voïageant autrefois,
Il a connu *Carminetta* la belle,
Noble & galante, aux Anglais peu cruelle;
Et qu'en partant au bout de quelques mois,
La laiſſant groſſe, il eut la complaiſance
De lui donner pour adoucir l'abſence,
Ce beau portrait que du Lombard *Bélin*
La main ſavante a mis ſur le vélin.
De Dorothée, hélas! elle fut mére;

Tout

lité à Perſée. Il le laiſſa coucher dehors, & Jupiter l'en punit, comme chacun ſait, en le changeant en montagne.

Tout eſt connu, Tirconel eſt ſon pére.
Il était froid, indifférent, hautain,
Mais généreux & dans le fonds humain.
Quand la douleur à de tels caractères
Fait éprouver ſes atteintes amères,
Ses traits ſur eux font des impreſſions
Qui n'entrent point dans les cœurs ordinaires,
Trop aiſément ouverts aux paſſions.
L'acier, l'airain plus fortement s'allume
Que les roſeaux qu'un feu léger conſume.
Ce dur Anglais voit ſa fille à ſes pieds,
De ſon beau ſang la mort s'eſt aſſouvie ;
Il la contemple, & ſes yeux ſont noïés
Des prémiers pleurs qu'il verſa de ſa vie.
Il l'en arroſe, il l'embraſſe cent fois,
De hurlements il étonne les bois ;
Et maudiſſant la fortune, la guerre
Tombe à la fin ſans haleine & ſans voix.
A ces accens tu r'ouvris la paupiére,
Tu vis le jour, la Trimouille, & ſoudain
Tu déteſtas ce reſte de lumiére :
Il retira ſon arme meurtriére
Qui traverſait cet adorable ſein,
Sur l'herbe rouge il poſe la poignée,
Puis ſur la pointe avec force élancé,
D'un coup mortel il eſt bientôt percé ;
Et de ſon ſang ſa maîtreſſe eſt baignée.
Aux cris affreux qüe pouſſa Tirconel,
Les Ecuïers, les Prêtres accoururent,
Epouvantés du ſpectacle cruel,

Ces

Ces cœurs de glace ainsi que lui s'émurent,
Et Tirconel aurait suivi sans eux
Les deux amants au séjour ténébreux.
  Ayant enfin de ce désordre extrême
Calmé l'horreur, & rentrant en lui-même,
Il fit poser ces amants malheureux
Sur un brancard que des lances formèrent,
Au camp du Roi ses Prêtres le portèrent,
Et de leurs pleurs les chemins arrosèrent.
  Paul Tirconel, homme en tout violent,
Prenait toûjours son parti sur le champ.
Il détesta depuis cette avanture,
Et femme & fille, & toute la nature.
Il monte un Barbe, & courant sans valets,
L'œil morne & sombre & ne parlant jamais,
Le cœur rongé, va dans son humeur noire
Droit à Paris, loin des rives de Loire.
En peu de jours il arrive à Calais,
S'embarque, & passe à sa terre natale:
C'est là qu'il prit la robe monacale
De St. Bruno: *c*) c'est là qu'en son ennui
Il mit le Ciel entre le Monde & lui,
Fuiant ce Monde, & se fuiant lui-même;
C'est là qu'il fit un éternel carême;
Il y vécut sans jamais dire un mot,
Mais sans pouvoir jamais être dévot.
  Quand le Roi Charle, Agnès, & la Guerriére
Virent

c) Vous savez que Bruno fonda les Chartreux après avoir vû ce Chanoine de Magdebourg qui parlait après sa mort.

Virent paſſer ce convoi douloureux,
Qu'on apperçut ces amants généreux,
Jadis ſi beaux & ſi longtemps heureux,
Souillés de ſang & couverts de pouſſiére:
Tous les eſprits parurent effraïés,
Et tous les yeux de pleurs furent noïés.
On pleura moins dans la ſanglante Troie,
Quand de la mort Hector devint la proie;
Et lorſqu'Achille en modeſte vainqueur
Le fit trainer avec tant de douceur, d)
Les pieds liés & la tête pendante
Après ſon char qui volait ſur des morts;
Car Andromaque au moins était vivante,
Quand ſon époux paſſa les ſombres bords.
La belle Agnès, Agnès toute tremblante,
Preſſait le Roi qui pleurait dans ſes bras;
Et lui diſait: mon cher amant, hélas!
Peut-être un jour nous ſerons l'un & l'autre
Portés ainſi dans l'Empire des morts:
Ah! que mon ame auſſi-bien que mon corps
Soit à jamais unie avec la vôtre.
A ces propos qui portaient dans les cœurs
La triſte crainte & les molles douleurs,
Jeanne prenant ce ton mâle & terrible,
Organe heureux d'un courage invincible,
Dit, Ce n'eſt point par des gémiſſements,
Par des ſanglots, par des cris, par des larmes

d) Je ſoupçonne un peu d'ironie dans notre grave auteur.

Qu'il faut venger ces deux nobles amants ;
C'eſt par le ſang : prenons demain les armes.
Voïez, ô Roi ! ces remparts d'Orléans,
Triſtes remparts que l'Anglais environne.
Les champs voiſins ſont encor tout fumants
Du ſang verſé, que vous-même en perſonne
Fites couler de vos roïales mains.
Préparons-nous : ſuivez vos grands deſſeins,
C'eſt ce qu'on doit à l'ombre enſanglantée
De la Trimouille & de ſa Dorothée :
Un Roi doit vaincre, & non pas ſoupirer.
Charmante Agnès, ceſſez de vous livrer
Aux mouvemens d'une ame douce & bonne.
A votre amant, c'eſt à vous d'inſpirer
Des ſentiments dignes de ſa couronne.
Agnès reprit : Ah ! laiſſez-moi pleurer !

CHANT

CHANT DIX-NEUVIEME.

Comment Jeanne tomba dans une étrange tentation ; hardiesse de son âne ; belle résistance de la Pucelle.

L'Homme & la femme est chose bien fragile.
Sur la vertu gardez-vous de compter.
Ce vase est beau, mais il est fait d'argile :
Un rien le casse : on peut le rajuster ;
Mais ce n'est pas entreprise facile.
Garder ce vase avec précaution,
Sans le ternir, croyez-moi, c'est un rêve,
Nul n'y parvient ; témoin le mari d'Eve
Et le vieux Lot & l'aveugle Samson,
David le saint, le Sage Salomon,
Et vous surtout, sexe doux, sexe aimable
Tant du nouveau que du vieux Testament,
Et de l'histoire, & même de la fable.
Sexe dévot je pardonne aisément
Vos petits tours & vos petits caprices,
Vos doux refus, vos charmants artifices ;
Mais j'avouerai qu'il est de certains cas,
De certains goûts que je n'excuse pas.
J'ai vû par fois une bamboche, un singe,

 Gros,

Gros, court, tanné, tout velu ſous le linge,
Comme un blondin careſſé dans vos bras,
J'en ſuis faché pour vos tendres appas.
Un âne aîlé vaut cent fois mieux peut-être,
Qu'un fat en robe, & qu'un lourd petit maître,
Sexe adorable à qui j'ai conſacré
Le don des vers dont je fus honoré,
Pour vous inſtruire il eſt temps de connaître
L'erreur de Jeanne, & comme un beau grifon
Pour un moment égara ſa raiſon;
Ce n'eſt pas moi, c'eſt le ſage Tritême,
Ce digne Abbé qui vous parle lui-même.
Le gros damné de Pére Grisbourdon,
Terrible encor au fond de ſa chaudière,
En blaſphémant cherchait l'occaſion
De ſe venger de la Pucelle altière,
Par qui là haut d'un coup d'eſtramaçon
Son chef tondu fut privé de ſon tronc.
Il s'écriait à Belzébuth; mon père
Ne pourrais-tu dans quelque gros péché
Faire tomber cette Jeanne ſévère?
J'y crois pour moi ton honneur attaché.
Comme il parlait, Conculix plein de rage
Parut ſoudain ſur le ſombre rivage,
Son eau benite encor ſur le viſage.
Pour ſe venger l'amphibie animal
Vint s'adreſſer à l'auteur de tout mal.
Les voila donc tous les trois qui conſpirent
Contre une femme. Hélas! le plus ſouvent
Pour les ſéduire il n'en fallut pas tant.

Depuis

Depuis longtemps tous les trois ils aprirent
Que Jeanne d'Arc deſſous ſon cotillon
Gardait les clefs de la ville aſſiégée,
Et que le ſort de la France affligée
Ne dépendait que de ſa miſſion.
L'eſprit du Diable a de l'invention :
Il courut vite obſerver ſur la Terre
Ce que faiſaient ſes amis d'Angleterre ;
En quel état & de corps & d'eſprit
Se trouvait Jeanne après le grand conflict.
  Le Roi, Dunois, la Trimouille & la belle
Agnès, Bonneau, Bonifoux, la Pucelle
Etaient entrés vers la nuit dans le Fort,
En attendant quelque nouveau renfort.
Des aſſiégés la brêche réparée
Aux aſſaillants ne permet plus l'entrée :
Des ennemis la troupe eſt retirée.
Les Citoyens, le Roi Charle & Betford,
Chacun chez ſoi ſoupe en hâte & s'endort.
  Muſes, tremblez de l'étrange avanture
Qu'il faut apprendre à la race future ;
Et vous, Lecteurs, en qui le Ciel a mis
Les ſages goûts d'une tendreſſe pure,
Remerciez & Dunois & Denis,
Qu'un grand péché n'ait pas été commis.
  Il vous ſouvient que je vous ai promis
De vous conter les galantes merveilles
De ce Pégaſe aux deux longues oreilles,
Qui combattit ſous Jeanne & ſous Dunois
Les ennemis des filles & des Rois.

Vous l'avez vû fur fes aîles dorées
Porter Dunois aux Lombardes contrées :
Il en revint : mais il revint jaloux ;
Vous favez bien qu'en portant la Pucelle,
Au fond du cœur il fentit l'étincelle
De ce beau feu plus vif encor que doux,
Ame, reffort, & principe des mondes,
Qui dans les airs, dans les bois, dans les ondes
Produit les corps & les anime tous.
Ce feu facré dont il nous refte encore
Quelques rayons dans ce monde épuifé,
Fut pris au Ciel pour animer Pandore.
Depuis ce temps le flambeau s'eft ufé.
Tout eft flétri ; la force languiffante
De la nature en nos malheureux jours,
Ne produit plus que d'imparfaits amours.
S'il eft encor une flamme agiffante,
Un germe heureux des principes divins,
Ne cherchez pas chez Vénus, Uranie,
Ne cherchez pas chez les faibles humains,
Adreffez-vous aux Héros d'Arcadie.
Beaux céladons, que des objets vainqueurs
Ont enchainés par des liens de fleurs ;
Tendres amants en cuiraffe, en foutane,
Prélats, Abbés, Colonels, Confeillers,
Gens du bel air, & même Cordeliers,
En fait d'amour défiez-vous d'un âne.
Chez les Latins le fameux âne d'or,
Si renommé par fa métamorphofe,
De celui-ci n'aprochait pas encor,

Il n'était qu'homme, & c'eſt bien peu de choſe.
La groſſe Jeanne au viſage vermeil
Qu'ont rafraichi les pavots du ſommeil,
Entre ſes draps doucement recueillie,
Se rappellait les deſtins de ſa vie;
De tant d'exploits ſon jeune cœur flatté,
A Saint Denis n'en donna pas la gloire;
Elle conçut un grain de vanité.
Denis fâché, comme on peut bien le croire,
Pour la punir laiſſa quelques moments
Sa protégée au pouvoir de ſes ſens.
Denis voulut que ſa Jeanne qu'il aime,
Connût enfin ce qu'on eſt par ſoi-même;
Et qu'une femme en toute occaſion
Pour ſe conduire a beſoin d'un patron.
Elle fut prête à devenir la proie
D'un piége affreux que tendit le Démon.
On va bien loin ſitôt qu'on ſe fourvoie.
Le tentateur qui ne néglige rien
Prenait ſon temps; il le prend toûjours bien.
Il eſt partout: il entra par adreſſe
Au corps de l'âne; il forma ſon eſprit,
De ſa voix rauque adoucit la rudeſſe,
Et l'inſtruiſit aux fineſſes de l'Art
Aprofondi par Ovide & Bernard.
L'âne éclairé ſurmonta toute honte;
De l'écurie adroitement il monte
Au pied du lit où dans un doux repos,
Jeanne en ſon cœur repaſſait ſes travaux:
Puis doucement s'accroupiſſant près d'elle,

Il la loüa d'effacer les Héros,
D'être invincible, & furtout d'être belle.
Ainfi jadis le ferpent féducteur,
Quand il voulut fubjuguer nôtre mére,
Lui fit d'abord un compliment flatteur.
L'art de loüer commença l'art de plaire.
Où fuis-je, ô Ciel! s'écria Jeanne d'Arc.
Qu'ai-je entendu? par St. Luc, par St. Marc
Eft-ce mon âne! ô merveille! ô prodige!
Mon âne parle, & même il parle bien.
L'Ane à genoux compofant fon maintien,
Lui dit: ô d'Arc, ce n'eft point un preftige.
J'avais parlé deux fois à Balaam.
Voiez en moi l'âne de Canaan.
Le jufte Ciel récompenfa mon zèle.
Au vieil Enoc bientôt on me donna,
Enoc avait une vie immortelle;
J'en eus autant; & le maître ordonna
Que le cifeau de la Parque cruelle
Refpecterait le fil de mes beaux ans.
Je joüis donc d'un éternel printemps.
De nôtre pré le maître débonnaire
Me permit tout, hors un cas feulement:
Il m'ordonna de vivre chaftement;
C'eft pour un âne une terrible affaire.
Jeune & fans frein dans ce charmant féjour,
Maître de tout, j'avais droit de tout faire,
Le jour, la nuit; tout excepté l'amour.
J'obéïs mieux que vôtre prémier homme
Qui perdit tout pour manger une pomme.

Je fus vainqueur de mon tempérament ;
La chair se tut ; je n'eus point de faiblesses ;
Je vécus vierge , or savez-vous comment ?
Dans le païs il n'était point d'ânesses.
Je vis couler content de mon état
Plus de mille ans dans ce doux célibat.
 Lorsque Bacchus vint du fond de la Gréce
Porter le Tirse , & la gloire & l'yvresse
Dans les païs par le Gange arrosés ,
A ce Héros je servis de trompette : *a*)
Les Indiens par nous civilisés
Chantent encor ma gloire & leur défaite.
Siléne & moi nous sommes plus connus
Que tous les grands qui suivirent Bacchus :
C'est mon nom seul , ma vertu signalée
Qui fit depuis tout l'honneur d'Apulée : *b*)
Enfin là haut dans ces plaines d'azur ,
Lorsque Saint George à vos Français si dur ,
Ce fier Saint George aimant toûjours la guerre ,
Voulut avoir un coursier d'Angleterre ,
Quand Saint Martin fameux par son manteau
Obtint

a) C'est l'âne de Siléne qui est assez connu ; on tient qu'il servit de trompette.

b) L'âne d'Apulée ne parla point ; il ne put jamais prononcer que *oh* & *non*, mais il eut une bonne fortune avec une Dame, comme on peut le voir dans l'Apuleïus en deux volumes in-quarto *cum notis ad usum Delphini.* Au reste on attribua de tout temps les mêmes sentimens aux bêtes qu'aux hommes. Les chevaux pleurent dans l'Iliade & dans l'Odyssée ; les bêtes parlent dans Pilpay, dans Lokman, & dans Esope, &c.

Obtint encor un cheval assez beau,
Monsieur Denis qui fait comme eux figure
Voulut comme eux avoir une monture;
Il me choisit, près de lui m'appella.
Il me fit don de deux brillantes aîles.
Je pris mon vol aux voutes éternelles:
Du grand Saint Roch le chien me fétoïa. *c*)
J'eus pour ami le porc de Saint Antoine,
Céleste porc, emblême de tout moine!
D'étrilles d'or mon maître m'étrilla:
Je fus nourri de nectar, d'ambrosie.
Mais, ô ma Jeanne, une si belle vie
N'aproche pas du plaisir que je sens,
Au doux aspect de vos charmes puissants.
Le chien, le porc, & George & Denis même,
Ne valent pas vôtre beauté suprême.
Croïez surtout que de tous les emplois,
Où m'éleva mon étoile bénigne,
Le plus heureux, le plus selon mon choix,
Et dont je suis peut-être le plus digne,
Est de servir sous vos augustes loix.
Quand j'ai quitté le Ciel & l'Empirée
J'ai vû par vous ma fortune honorée.
Non, je n'ai pas abandonné les Cieux,
J'y suis encor; le Ciel est dans vos yeux.
A ce discours peut-être téméraire,

Jeanne

c) St. Roch qui guérit de la peste est toûjours peint avec un chien, & St. Antoine est toûjours suivi d'un cochon.

Jeanne sentit une juste colère:
Aimer un âne & lui donner sa fleur,
Souffrirait-elle un pareil deshonneur
Après avoir sauvé son innocence
Des muletiers & des héros de France?
Après avoir par la grace d'enhaut
Dans le combat mis Chandos en défaut.
Mais que cet âne, ô Ciel! a de mérite?
Ne vaut-il pas la chèvre favorite
D'un Calabrois qui la pare de fleurs?
Non disait-elle? écartons ces horreurs.
Tous ces pensers formaient une tempête
Au cœur de Jeanne & confondaient sa tête.
Ainsi qu'on voit sur les profondes mers,
Les fiers Tyrans des ondes & des airs,
L'un accourant des cavernes Australes,
L'autre sifflant des glaces Boréales,
Battre un vaisseau cinglant sur l'Océan,
Vers Sumatra, Bengale, ou Ceïlan.
Tantôt la nef aux Cieux semble portée,
Près des rochers tantôt elle est jettée,
Tantôt l'abîme est prêt à l'engloutir,
Et des enfers elle parait sortir.
L'enfant malin qui tient sous son empire
Le genre-humain, les ânes & les Dieux,
Son arc en main planait au haut des Cieux,
Et voïait Jeanne avec un doux sourire.
De Jeanne d'Arc le grand cœur en effet
Etait flatté de l'étonnant effet
Que produisait sa beauté singulière

Sur le ſens lourd d'une ame ſi groſſière.
Vers ſon amant elle avança la main,
Sans y ſonger ; puis la tira ſoudain.
Elle rougit, s'effraïe & ſe condamne ;
Puis ſe raſſure, & puis lui dit : Bel âne,
Vous concevez un chimérique eſpoir,
Reſpectez plus ma gloire & mon devoir,
Trop de diſtance eſt entre nos eſpèces ;
Non, je ne puis approuver vos tendreſſes ;
Gardez-vous bien de me pouſſer à bout.
  L'âne reprit ; l'amour égale tout.
Songez au cigne à qui Léda fit fête *d*)
Sans ceſſer d'être une perſonne honnête ;
Connaiſſez-vous la fille de Minos, *e*)
Pour un Taureau négligeant des Héros,
Et ſoupirant pour ſon beau quadrupède ?
Sachez qu'un aigle enleva Ganimède,
Et que Phillire avait favoriſé
Le dieu des mers en cheval déguiſé.
  Il pourſuivait ſon diſcours ; & le Diable
Premier auteur des écrits de la Fable,
Lui fourniſſait ces exemples frapans ;
Et mettait l'âne au rang de nos ſavants.

Tan-

d) Léda ayant donné ſes faveurs à ſon cigne, accoucha de deux œufs.

e) Paſiphaé amoureuſe d'un Taureau, en eut le Minotaure. Phillire eut d'un Cheval le Centaure Chiron Précepteur d'Achille : ce ne fût point Neptune, mais Saturne qui prit la forme d'un cheval ; nôtre auteur ſe trompe en ce point. Je ne nie pas que quelques doctes ne ſoient de ſon avis.

Tandis qu'il parle avec tant d'élégance,
Le grand Dunois qui près de là couchait,
Prêtait l'oreille, était tout ſtupéfait
Des traits hardis d'une telle éloquence.
Il voulut voir le Héros qui parlait,
Et quel rival l'amour lui ſuſcitait.
Il entre, il voit; ô prodige! ô merveille!
Le poſſédé porteur de longue oreille,
Et ne crut pas encor qu'il voiait.
Jadis Vénus fut ainſi confonduë,
Lorſqu'en un rets formé de fil d'airain,
Aux yeux des Dieux le malheureux Vulcain,
Sous le Dieu Mars la montra toute nuë.
Jeanne aprés tout n'a point été vaincuë,
Le bon Denis ne l'abandonnait pas;
Près de l'abîme il affermit ſes pas;
Il la ſoutint dans ce péril extrême.
Jeanne s'indigne & rentre en elle-même.
Comme un ſoldat dans ſon poſte endormi,
Qui ſe réveille aux premiéres allarmes,
Frotte ſes yeux, ſaute en pied, prend les armes,
S'habille en hâte & fond ſur l'ennemi.
De Debora la lance redoutable
Etait chez Jeanne auprès de ſon chevet;
Elle la prend, la puiſſance du Diable
Ne tint jamais contre ce fer divin.
Jeanne & Dunois fondent ſur le malin;
Le malin court, & ſa voix effraiante
Font rétentir Blois, Orleans, & Nante;
Et les baudets dans le Poitou nourris,

Du même ton répondaient à ſes cris.
Satan fuïait, mais dans ſa courſe prompte
Il veut venger les Anglais & ſa honte ;
Dans Orléans il vole comme un trait
Droit au logis du Préſident Louvet.
Il s'y tapit dans le corps de Madame ;
Il était ſûr de gouverner cette ame,
C'était ſon bien, le perfide eſt inſtruit
Du mal ſecret qui tient la Préſidente ;
Il fait qu'elle aime & que Talbot l'enchante ;
Le vieux ſerpent en ſecret la conduit,
Il la dirige ; il l'enflamme, il eſpère
Qu'elle pourra prêter ſon Miniſtère
Pour introduire aux remparts d'Orléans
Le beau Talbot & ſes fiers combattans :
En travaillant pour ſes Anglais qu'il aime,
Il fait aſſez qu'il combat pour lui-même.

CHANT VINGTIEME.

Pudeur de Jeanne démontrée. Malice du Diable. Rendez-vous donné par la Préſidente Louvet au grand Talbot. Services rendus par Frére Lourdis. Belle conduite de la diſcrette Agnès. Repentir de l'âne. Exploits de la Pucelle. Triomphe du grand Roi Charles VII.

MOn cher lecteur, ſçait par expérience
Que cė beau Dieu qu'on nous peint dans l'enfance,
Et dont les jeux ne ſont pas jeux d'enfans,
A deux carquois tout à fait différents:
L'un a des traits, dont la douce piquûre
Se fait ſentir ſans danger, ſans douleur,
Croit par le temps, pénétre au fond du cœur,
Et vous y laiſſe une vive bleſſure.
Les autres traits ſont un feu dévorant
Dont le coup part & brule au même inſtant.
Dans les cinq ſens ils portent le ravage;
Un

Un rouge vif allume le visage,
D'un nouvel être on se croit animé,
D'un nouveau sang le corps est enflammé,
On n'entend rien; le regard étincelle.
L'eau sur le feu bouillonnant à grand bruit,
Qui sur ses bords s'élève, échape, & fuit,
N'est qu'une image imparfaite, infidelle,
De ces désirs dont l'excès vous poursuit.
  Profanateurs indignes de mémoire,
Vous qui de Jeanne avez souillé la gloire,
Vils écrivains qui du mensonge épris
Falsifiez les plus sages écrits,
Vous prétendez que ma Pucelle Jeanne
Pour son Grison sentit ce feu profane,
Vous imprimez qu'elle a mal combattu,
Vous insultez son sexe & sa vertu.
D'écrits honteux compilateurs infames,
Sachez qu'on doit plus de respect aux Dames;
Ne dites point que Jeanne a succombé:
Dans cette erreur nul savant n'est tombé;
Nul n'avança des fausletés pareilles;
Vous confondez & les faits & les temps,
Vous corrompez les plus rares merveilles,
Respectez l'âne & ses faits éclatans;
Vous n'avez pas ses fortunés talents,
Et vous avez de plus longues oreilles.
Si la Pucelle en cette occasion
Vit d'un regard de satisfaction,
Les nouveaux feux qu'inspiroit sa personne,
C'est vanité qu'à son sexe on pardonne,

C'est

C'eſt amour propre & non pas l'autre amour.
Pour achever de mettre en tout ſon jour
De Jeanne d'Arc le luſtre interniſſable,
Pour vous prouver qu'aux malices du Diable,
Aux fiers tranſports de cet âne éloquent,
Son noble cœur était inébranlable,
Sachez que Jeanne avait un autre amant.
C'était Dunois comme aucun ne l'ignore;
C'eſt le bâtard que ſon grand cœur adore.
On peut d'un âne écouter les diſcours,
On peut ſentir un vain déſir de plaire;
Cette paſſade, innocente & legére,
Ne trahit point de fidéles amours.
C'eſt dans l'hiſtoire une choſe avérée
Que ce héros, ce ſublime Dunois
Etait bleſſé d'une fléche dorée
Qu'amour tira de ſon premier carquois.
Il commanda toûjours à ſa tendreſſe;
Son cœur altier n'admit point de faibleſſe,
Il aimait trop & l'Etat & le Roi;
Leur intérêt fut ſa premiére loi.
O Jeanne! il ſçait que ton beau pucelage
De la victoire eſt le précieux gage:
Il reſpectait Dénis & tes appas.
Semblable au chien courageux & fidéle,
Qui réſiſtant à la faim qui l'appelle,
Tient la perdrix & ne la mange pas.
Mais quand il vit que le baudet céleſte
Avait parlé de ſa flamme funeſte,
Dunois voulut en parler à ſon tour.

Il eſt des temps où le ſage s'oublie.
C'était ſans doute une grande folie
Que d'immoler ſa patrie à l'amour.
C'était tout perdre, & Jeanne encor honteuſe
D'avoir d'un âne écouté les propos,
Réſiſtait mal à ceux de ſon héros.
L'amour preſſait ſon ame vertueuſe :
C'en était fait, lorſque ſon doux patron
Du haut du Ciel détacha ſon rayon.
Ce rayon d'or, ſa gloire & ſa monture,
Qui tranſporta ſa béate figure
Quand il chercha par ſes ſoins vigilans
Un pucelage aux remparts d'Orléans.
Ce ſaint rayon frappant au ſein de Jeanne,
En écarta tout ſentiment profane.
Elle cria, Cher bâtard, arrêtez,
Il n'eſt pas temps, nos amours ſont comptez :
Ne gâtons rien à nôtre deſtinée ;
C'eſt à vous ſeul que ma foi s'eſt donnée :
Je vous promets que vous aurez ma fleur.
Mais attendons que vôtre bras vengeur,
Vôtre vertu qui ſous le Breton tremble,
Ait du pays chaſſé l'uſurpateur.
Sur des lauriers nous coucherons enſemble.
  A ce propos le bâtard s'adoucit,
Il écouta l'oracle & ſe ſoumit.
Jeanne reçut ſon pur & doux hommage,
Modeſtement ; & lui donna pour gage
Trente baiſers chaſtes, pleins de pudeur,
Et tels qu'un frére en reçoit de ſa ſœur.

Dans

Dans leurs désirs tous deux ils se continrent,
Et de leurs faits honnêtement convinrent.
Dénis les voit, Dénis très satisfait
De ses projets pressa le grand effet.
  Le preux Talbot devait cette nuit même
Dans Orléans entrer par stratagême.
Exploit nonveau pour ses Anglais hautains,
Tous gens sensés; mais plus hardis que fins.
  O Dieu d'amour! ô faiblesse! ô puissance!
Amour fatal tu fus prét de livrer
Aux ennemis ce rempart de la France.
Ce que l'Anglais n'osait plus espérer,
Ce que Betfort & son expérience,
Ce que Talbot & sa rare vaillance
Ne purent faire, amour tu l'entrepris!
Tu fait nos maux, cher enfant, & tu ris.
  Si dans le cours de ses vastes conquêtes
Il effleura de ses fléches honnêtes
Le cœur de Jeanne, il lança d'autres coups
Dans les cinq sens de nôtre Présidente.
Il la frappa de sa main triomphante
Avec les traits qui rendent les gens fous.
Vous avez vû la fatale escalade,
L'assaut sanglant, l'horrible canonade,
Tous ces combats, tous ces hardis efforts,
Au haut des murs, en dedans, en déhors,
Lorsque Talbot & ses fiéres cohortes
Avaient brisé les remparts & les portes,
Et que sur eux tombaient du haut des toits
Le fer, la flamme, & la mort à la fois.

L'ardent Talbot avait d'un pas agile
Sur des mourans pénétré dans la ville,
Renversant tout, criant à haute voix :
Anglais entrés, bas les armes, bourgeois :
Il ressemblait au grand Dieu de la guerre,
Qui sous ses pas fait retentir la terre,
Quand la discorde & Bellone & le sort
Arment son bras, Ministre de la mort.

La Présidente avait une ouverture
Dans son logis, auprès d'une mazure,
Et par ce trou contemplait son amant.
Ce casque d'or, ce panache ondoyant,
Ce bras armé; ces vives étincelles
Qui s'élançaient du rond de ses prunelles,
Ce port altier, cet air d'un demi-Dieu.
La Présidente en était toute en feu,
Hors de ses sens, de honte dépouillée.
Telle autrefois d'une loge grillée
Une beauté dont l'amour prit le cœur
Lorgnait *Baron* cet immortel acteur,
D'un œil ardent dévorait sa figure,
Son beau maintien, ses gestes, sa parure,
Mêlait tout bas sa voix à ses accents,
Et recevait l'amour par tous les sens.

Chez la Louvet vous savez que le Diable
Etait entré sans se rendre importun;
Et que le Diable & l'amour, c'est tout un:
L'Arcange noir, de mal insatiable,
Prit la cornette & les traits de Suzon,
Qui dès longtemps servait dans la maison;

Fille

Fille entendue, active, néceſſaire,
Coëffant, friſant, portant des billets doux,
Savante en l'art de conduire une affaire,
Et ménageant ſouvent deux rendez-vous,
L'un pour ſa Dame, & puis l'autre pour elle.
Satan caché ſous l'air de la donzelle
Tint ce diſcours à nôtre groſſe belle.

Vous connaiſſez mes talens & mon cœur,
Je veux ſervir vôtre innocente ardeur;
Vôtre intérêt d'aſſez près me concerne.
Mon grand couſin eſt de garde ce ſoir
En ſentinelle à certaine poterne,
Là ſans riſquer que vôtre honneur ſoit terne,
Le beau Talbot peut en ſecret vous voir.
Ecrivez-lui, mon grand couſin eſt ſage,
Il vous fera très-bien vôtre meſſage.
La Préſidente écrit un beau billet,
Tendre, emporté: chaque mot porte à l'ame
La volupté, les déſirs & la flamme.
On voyait bien que le Diable dictait.
Le grand Talbot habile, ainſi que tendre,
Au rendez-vous fit ferment de ſe rendre.
Mais il jura que dans ce doux conflict,
Par les plaiſirs il irait à la gloire;
Et tout fut prêt, afin qu'au ſaut du lit
Il ne fit plus qu'un ſaut à la victoire.

Il vous ſouvient que le frére Lourdis
Fut envoyé par le grand ſaint Dénis,
Chez les Anglais pour lui rendre ſervice.
Il était libre & chantait ſon office,

Difait fa Meffe, & même confeffait.
Le preux Talbot fur fa foi le laiffait;
Ne jugeant pas qu'un ruftre, un imbécile,
Un moine épais, excrément de Couvent,
Qu'il avait fait feffer publiquement,
Pût traverfer un Général habile.
Le jufte Ciel en jugeait autrement.
Dans fes décrets il fe complait fouvent
A fe moquer des plus grands perfonnages.
Il prend les fots pour confondre les fages.
Un trait d'efprit venant du Paradis.
Illumina le crane de Lourdis.
De fon cerveau la matiére épaiffie
Devint légére, & fut moins obfcurcie,
Il s'étonna de fon difcernement.
Las! nous penfons, le bon Dieu fçait comment!
Connaiffons-nous quel reffort invifible
Ren la cervelle ou plus ou moins fenfible?
Connaiffons-nous quels atômes divers
Font l'efprit jufte, ou l'efprit de travers?
Dans quels recoins du tiffu cellulaire
Sont les talens de Virgile ou d'Homère,
Et quel levain chargé d'un froid poifon
Forme un Terfite, un Zoïle, un Fréron?
Un Intendant de l'Empire de Flore
Près d'un œillet voit la ciguë éclore;
La caufe en eft au doigt du Créateur;
Elle eft cachée aux yeux de tout Docteur,
N'imitons pas leur babil inutile.
Lourdis d'abord devint très curieux,

Uti-

Utilement il employa ſes yeux.
Il vit marcher ſur le ſoir vers la ville
Des cuiſiniers qui portaient à la file
Tous les apprêts pour un repas exquis;
Truffes, jambons, gelinotes, perdrix;
De gros flacons à pance ciſelée
Rafraichiſſaient dans la glace pilée,
Ce jus brillant, ces liquides rubis
Que tient Citaux *a*) dans ſes caveaux bénis.
Vers la poterne on marchait en ſilence,
Lourdis alors fut rempli de ſcience,
Non de Latin, mais de cet art heureux
De ſe conduire en ce Monde ſcabreux.
Il fut doué d'une douce faconde,
Devint accord, attentif, aviſé,
Regardant tout du coin d'un œil ruſé,
Fin courtiſan, plein d'aſtuce profonde,
Le Moine, enfin, le plus Moine du monde.
Ainſi l'on voit en tout temps ſes pareils
De la cuiſine entrer dans les conſeils;
Brouillons en paix, intriguants dans la guerre,
Régnant d'abord chez le groſſier bourgeois,
Puis ſe gliſſant au cabinet de Rois,
Et puis enfin troublant toute la terre;
Tantôt adroits & tantôt inſolens,
Renards ou loups, ou ſinges, ou ſerpens:
Voilà pourquoi les Bretons mécréans,

a) Il y a dans Citaux & dans Clerveaux une groſſe tonne, ſemblable à celle d'Heidelberg: c'eſt la plus belle relique du Couvent.

De leur engeance ont purgé l'Angleterre.
  Nôtre Lourdis gagne un petit ſentier,
Qui par un bois méne au royal quartier ;
En ſon eſprit roulant ce grand miſtère,
Il va trouver Bonifoux ſon confrère.
Don Bonifoux en ce même moment
Sur les deſtins révait profondément ;
Il meſurait cette chaine inviſible
Qui tient liés les deſtins & les temps,
Les petits faits, les grands événemens
Et l'autre monde, & le monde ſenſible.
Dans ſon eſprit il les combine tous,
Dans les effets voit la cauſe & l'admire,
Il en ſuit l'ordre : il ſçait qu'un rendez-vous,
Peut renverſer ou ſauver un Empire.
Le Confeſſeur ſe ſouvenait encor
Qu'on avait vû les trois fleurs de lys d'or
En champ d'albâtre à la feſſe d'un Page ;
D'un Page Anglais : ſurtout il enviſage
Les murs tombés du divin Conculix.
Ce qui ſurtout l'étonne davantage,
C'eſt le bons ſens, c'eſt l'eſprit de Lourdis.
Il connut bien qu'à la fin Saint Dénis
De cette guerre aurait tout l'avantage.
  Lourdis ſe fait préſenter poliment
Par Bonifoux à la royale amie.
Sur ſa beauté lui fait ſon compliment,
Et ſur le Roi. Puis il lui dit comment
Du grand Talbot la prudence endormie
A pour le ſoir un rendez-vous donné

Vers

Vers la poterne, où ce déterminé
Eſt attendu par la Louvet qui l'aime.
On peut, dit-il, uſer d'un ſtratagême:
Suivre Talbot, & le ſurprendre là,
Comme Samſon le fut par Dalila.
Divine Agnès, propoſez cette affaire,
Au grand Roi Charle. Ah mon reverend pére,
Lui dit Agnès, penſez-vous que le Roi
Puiſſe toûjours être amoureux de moi?
Je n'en ſçai rien; je penſe qu'il ſe damne,
Répond Lourdis; ma robe le condamne,
Mon cœur l'abſout. Ah qu'il ſont fortunés
Ceux qui pour vous feront un jour damnés!
Agnès reprit, Moine, vôtre réponſe
Eſt bien flatteuſe, & de l'eſprit annonce.
Puis dans un coin le tirant à l'écart,
Elle lui dit, auriez-vous par hazard
Chez les Anglais vû le jeune Monroſe?
Le Moine noir, l'entendit finement;
Oui, je l'ai vû, dit-il, il eſt charmant.
Agnès rougit, baiſſe les yeux, compoſe
Son beau viſage, & prenant par la main
L'adroit Lourdis, le méne avant nuit cloſe
Au cabinet de ſon cher Suzerain.

Lourdis y fit un diſcours plus qu'humain.
Tout auſſi-tôt ſe tient conſeil de guerre.
Jeanne au milieu des héros ſes pareils,
Comme au combat aſſiſtait aux conſeils.
La belle Agnès d'une façon gentille
Diſcrettement travaillait à l'éguille,
De temps en temps donnait de bon avis

Qui

Qui du Roi Charle étaient toûjours suivis.
  On proposa de prendre avec adresse
Sous les remparts Talbot & sa maîtresse.
Tels dans les Cieux le Soleil & Vulcain
Surprirent Mars avec son Aphrodise, *b*)
On prépara cette grande entreprise
Qui demandait & la tête & la main.
Dunois d'abord prit le plus long chemin,
Fit une marche & pénible & savante,
Effort de l'art que dans l'histoire on vante.
Entre la ville & l'armée on passa.
Vers la poterne enfin on arriva.
Talbot goûtait avec sa Présidente
Les premiers fruits d'une union naissante,
Se promettant que du lit aux combats
En vrai héros il ne ferait qu'un pas.
Six régimens devaient suivre à la file.
L'ordre est donné. C'était fait de la ville.
Mais ses guerriers de la veille engourdis,
Pétrifiés d'un sermon de Lourdis,
Bâillaient encor & se mouvaient à peine.
L'un contre l'autre ils dormaient dans la plaine.
O grand miracle! ô pouvoir de Dénis!
  Jeanne & Dunois, & la brillante élite

Des

b) Aphrodise est le nom Grec de Vénus; cela ne veut dire qu'*écume*. Mais que les noms Grecs sont sonores! que cette écume est une belle allégorie! Voyez Hésiode. Vous ne douterez pas que les anciennes Fables ne soient souvent l'emblême de la vérité.

Des Chevaliers qui marchaient à leur ſuite,
Bordaient déja ſous les murs d'Orléans
Les longs foſſés du camp des aſſiégeans.
Sur un cheval venu de Barbarie,
Le ſeul que Charle eût dans ſon écurie,
Jeanne avançait en tenant d'une main
De Débora l'eſtramaçon divin;
A ſon côté pendait la noble épée
Qui d'Holopherne a la tête coupée.
Nôtre Pucelle avec dévotion,
Fit à Dénis tout bas cette oraiſon:
„ Toi qui daignas à ma faibleſſe obſcure
„ Dans Dom Remi confier cette armure,
„ Sois le ſoutien de ma fragilité,
„ Pardonne-moi, ſi quelque vanité
„ Flatta mes ſens quand ton âne infidéle
„ S'émancipa juſqu'à me trouver belle.
„ Mon cher patron, daignes te ſouvenir
„ Que c'eſt par moi que tu voulus punir
„ De ces Anglais les ardeurs enragées
„ Qui polluaient des Nonnes affligées.
„ Un plus grand cas ſe préſente aujourd'hui.
„ Je ne puis rien ſans ton divin apui.
„ Prête ta force au bras de ta ſervante,
„ Il faut ſauver la patrie expirante,
„ Il faut venger les lys de Charle ſept
„ Avec l'honneur du Préſident Louvet.
„ Conduis à fin cette avanture honnête
„ Ainſi le Ciel te conſerve la tête!
Du haut du Ciel ſaint Dénis l'entendit.

Et

Et dans le camp ſon âne la ſentit:
Il ſentit Jeanne: & d'un battement d'aile,
La tête haute il s'envole vers elle.
Il s'agenouille, il demande pardon
Des attentats de ſa tendreſſe impure,
Je fus, dit-il, poſſédé du Démon;
Je m'en repens: il pléure, il la conjure
De le monter; il ne ſaurait ſouffrir
Que ſous ſa Jeanne une autre oſe courir.
Jeanne vit bien qu'une vertu divine
Lui ramenait la volatile aſine.
Au pénitent ſa grace elle accorda:
Feſſa ſon âne, & lui recommanda
D'être à jamais plus diſcret & plus ſage.
L'âne le jure: & rempli de courage,
Fier de ſa charge, il la porte dans l'air.
  Sur les Anglais il fond comme un élair,
Comme un éclair que la foudre accompagne.
Jeanne en volant inonde la campagne
De flots de ſang, de membres diſperſés,
Coupe cent cous l'un ſur l'autre entaſſés.
  Dans ſon croiſſant de la nuit la courriére
Lui fourniſſait ſa douteuſe lumiére.
L'Anglais ſurpris, encor tout étourdi
Regarde en haut d'où le coup eſt parti.
Il ne voit point la lance qui le tuë;
La troupe fuit égarée, éperdue,
Et va tomber dans les mains de Dunois.
Charle ſe voit le plus heureux des Rois.
Ses ennemis à ſes coups ſe préſentent,

Tels

Tels que perdreaux en l'air éparpillés
Tombant en foule & par le chien pillés,
Sous le fusil la bruyére ensanglantent.
La voix de l'âne inspire la terreur
Jeanne d'enhaut étend son bras vengeur :
Poursuit, pourfend, perce, coupe, déchire,
Dunois assomme : & le bon Charle tire
A son plaisir tout ce qui fuit de peur.
Le beau Talbot tout enyvré des charmes
De sa Louvet, & de plaisirs rendu
Sur son beau sein mollement étendu,
A sa poterne entend le bruit des armes :
Il en triomphe ; il disait à par soi,
Voilà mes gens, Orléans est à moi.
Il s'aplaudit de ses ruses habiles.
Amour, dit-il, c'est toi qui prends les villes.
Dans cet espoir Talbot encouragé
Donne à sa belle un baiser de congé.
Il sort du lit, il s'habille, il avance,
Pour recevoir les vainqueurs de la France.
Auprès de lui le grand Talbot n'avait
Qu'un Ecuyer qui toûjours le suivait.
Grand confident & rempli de vaillance,
Digne vassal d'un si galant héros,
Gardant sa lance ainsi que les manteaux.
Entrez, amis, saisissez vôtre proye,
Criait Talbot; mais courte fut sa joye.
Au lieu d'amis Jeanne la lance en main
Fondait vers lui sur son âne divin.
Deux cent Français entrent par la poterne :

Talbot

Talbot frémit, la terreur le consterne.
Ces bons Français criaient, *Vive le Roi*,
A boire, à boire, avançons, marche à moi.
A moi Gascons, Picards, qu'on s'évertue,
Point de quartier; les voilà, tire, tüe.
Talbot remis du long saisissement,
Que lui causa le premier mouvement,
A sa poterne ose encor se défendre.
Tel, tout sanglant dans sa patrie en cendre,
Le fils d'Anchise attaquait son vainqueur.
Talbot combat avec plus de fureur,
Il est Anglais; l'Ecuyer le seconde:
Talbot & lui combattraient tout un monde.
Tantôt de front, & tantôt dos à dos
De leurs vainqueurs ils repoussent les flots.
Mais à la fin leur vigueur épuisée
Céde au Français une victoire aisée.
Talbot se rend, mais sans être abattu.
Jeanne & Dunois prisèrent sa vertu.
Ils vont tous deux de maniére engageante
Au Président rendre la Présidente.
Sans nul soupçon il la reçoit très-bien.
Les bons maris ne savent jamais rien.
Louvet toûjours, ignora que la France
A sa Louvet devait sa délivrance.
Du haut des cieux Dénis aplaudissait,
Sur son cheval saint George frémissait;
L'âne entonnait son octave écorchante,
Qui des Bretons redoublait l'épouvante.
Le Roi qu'on mit au rang des Conquérans,
Avec

Avec Agnès soupa dans Orléans.
La même nuit la fiére & tendre Jeanne
Ayant au Ciel renvoyé son bel âne,
De son serment accomplissant les loix,
Tint sa parole à son ami Dunois.
Lourdis mêlé dans la troupe fidelle
Criait encor : *Anglais ! elle est Pucelle !*

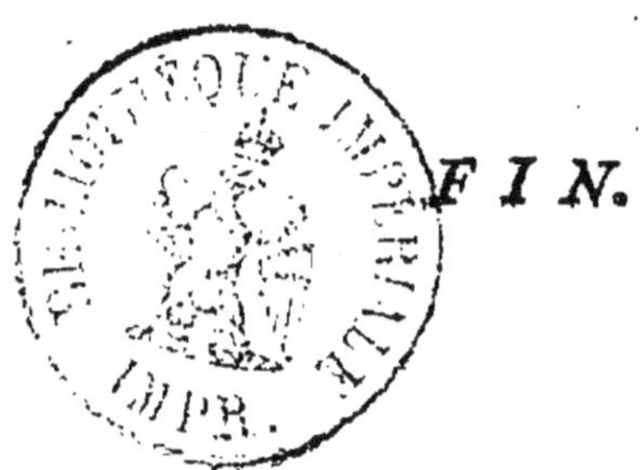

FIN.

www.ingramcontent.com/pod-product-compliance
Lightning Source LLC
LaVergne TN
LVHW020542230826
846091LV00002B/358